Werner Limbrecht

# KGL. PREUSS. GEWEHRFABRIK ERFURT

Ein geschichtlicher Abriß



Verlag Rockstuhl

Impressum

*Umschlaggestaltung:* Harald Rockstuhl, Bad Langensalza

*Titelbild:* Um 1880 errichtete neue Fabrikgebäude und Beschußanlage (Foto 1890)

*Umschlagrückseite:* Gesamtansicht vor 1912

2. überarbeitete Auflage 2017

**ISBN 978-3-95966-166-9**

*Innenlayout:* Harald Rockstuhl, Bad Langensalza

*Druck und Bindearbeit:* Digital Print Group Oliver Schimek GmbH, Nürnberg/Mittelfranken

Gedruckt auf alterungsbeständigem Papier nach ISO 9706

*Die Deutsche Nationalbibliothek* verzeichnet diese Publikation in der Deutschen Nationalbibliografie. Detaillierte bibliografische Daten sind im Internet über *http://dnb.d-nb.de* abrufbar.

**Verlag Rockstuhl**
www.verlag-rockstuhl.de

*Inhaber: Harald Rockstuhl*
*Mitglied des Börsenvereins des Deutschen Buchhandels e.V.*
*Lange Brüdergasse 12 in D-99947 Bad Langensalza/Thüringen*
*Telefon: 03603 / 81 22 46   Telefax: 03603 / 81 22 47*
*www.verlag-rockstuhl.de*

# Inhalt

*Abb. 1 – Gesamtansicht 1865*

# Vorwort

Die Erfurter Gewehrfabrik – exakt: Königlich Preußische Gewehrfabrik Erfurt – ist vielen unserer Mitmenschen kaum bekannt. Lediglich von Spezialisten, hauptsächlich Mitarbeitern von staatlichen und städtischen Behörden und Einrichtungen wie Denkmalschutz, Stadtmuseum, Bauämtern, LEG, Archiven sowie durch IHK und Mitglieder von Geschichtsvereinen kann man interessante Informationen erhalten. Ehemalige Beschäftigte von Optima und Funkwerk wissen auch etwas über den ältesten Vorgänger ihrer Betriebe in dem Zeitraum 2. Hälfte 19./Anfang 20. Jahrhundert, aber meist nur sehr allgemein.

Diese Fabrik war seinerzeit der größte Arbeitgeber der Stadt und einer der größten Produzenten von Handfeuerwaffen im deutschen Raum. Da eine umfassende Darstellung derselben aber nicht vorliegt, war es – auch bedingt durch Familien- und Heimatforschung des Verfassers – zu einem persönlichen Bedürfnis geworden, diese Lücke zu schließen.

Als Hobbyforscher strebe ich kein wissenschaftliches Werk an, sondern sehe mein Ziel in einem allgemeinverständlichen geschichtlichen Abriß, wobei soziale Aspekte besondere Beachtung finden sollen.

Mein Dank gilt oben genannten Einrichtungen, die bereitwillig Auskünfte erteilten.
Ein besonderer Dank gebührt Siegfried Barz, der mir durch die Bereitstellung von aufbereitetem Material und mit seinen waffentechnischen Kenntnissen eine starke Stütze war – eine Erweiterung vorliegender Broschüre durch bildliche Darstellungen der verschiedenen Modelle der Gewehre, Pistolen und Seitengewehre der Königlich Preußischen Gewehrfabrik Erfurt war durch ihn ins Auge gefaßt.
An dieser Stelle auch meinen Dank an Peter Schreiber für seine Beratung und Hilfe bei der Neugestaltung dieser Broschüre.

Einem waffen- und geschichtsinteressierten Hobbyforscher sowie einem Sammler war und ist es das gemeinsame Anliegen, Waffenproduktion in ihrer Geschichte und handwerklichen Entwicklung darzustellen, wobei die Gewehrfabrik Erfurt im Mittelpunkt steht.

Im Raum des deutschen Kaiserreiches gab es (neben den privaten Manufakturen und Betrieben) vier staatliche Gewehrfabriken; die drei Kgl. Preuß. Gewehrfabriken Danzig, Spandau und Saarn (ab 1862 Erfurt) und die Kgl. Bayerische Gewehrfabrik Amberg.
Im weiteren werden nur die preußischen Fabriken behandelt.

Die jetzt vorliegende Ausgabe ist identisch mit der von 2006; sie erhielt lediglich einige wenige Ergänzungen durch mich als auch dem Verlag Rockstuhl sowie die neue Gestaltung.

*Erfurt, im Februar 2017* *Werner Limbrecht*

## Der Standort im Ruhrgebiet

Als Schlußfolgerung aus den Befreiungskriegen gegen Napoleon beschloß das preußische Kriegsministerium, zusätzlich zu der Gewehrfabrik Potsdam-Spandau neue Gewehrfabriken im Osten und Westen des Landes zu gründen. Grund dafür war die unbedingte Sicherung des Bedarfs an Waffen in künftigen Kriegen.
Der in Essen tätige Waffenfabrikant Trenelle war bereit, die im Westen Preußens geplante Fabrik zu übernehmen. Auf der Grundlage des am 23.12.1814 geschlossenen Vertrages begannen die Vorbereitungen zur Einrichtung der neuen Fabrik. Trenelle war die Abnahme von 25.000 Infanteriegewehren zugesichert worden; er hatte die dazu benötigten Facharbeiter heranzuziehen – er holte sie aus Lüttich und aus Frankreich, aus Essen und Solingen. Diesen Spezialisten wurden erhebliche Vergünstigungen in Form von Reisegeld, freies Wohnen und Befreiung vom Militärdienst gewährt.
Durch eine Kommission wurde dafür ein geeigneter Ort gesucht und im 1808 säkularisierten Kloster „St. Mariensaal“ in Saarn (heute Stadtteil von Mülheim a.d. Ruhr) gefunden. Ausschlaggebend für diesen Entschluß waren der solide Zustand und die Größe des leerstehenden ehemaligen Klosters sowie die Lage an der Ruhr unweit der Einmündung in den Rhein. Durch den Fluß war der Transport von Material und Steinkohle ganzjährig gesichert. Die erforderlichen Schmieden, Hammer-, Bohr-, Polier- und Schleifwerke wurde bei Hattingen, ca. 45 km stromaufwärts von Saarn, angelegt.
Die Ausstattung der Fabrik erfolgte mit Maschinen und Werkzeugen, die in Frankreich erbeutet und damit sehr billig waren. Zur Leitung wurde der Stabshauptmann a.D. Scheuerwasser als Direktor und technischer Leiter zugeordnet.
Ab Mai 1815 wurden anfangs Reparaturen an Gewehren vorgenommen, ab Oktober – unter Einbeziehung der Trenellschen Fabrik in Essen – wurden neue Gewehre produziert.

1815 wurden mit 104 Arbeitern 4.254 Gewehre instandgesetzt und 800 neue gefertigt. Die Anzahl der Arbeitskräfte stieg in der Folge an: 1817 waren es 257, 1821 schon 272 Personen.[1]

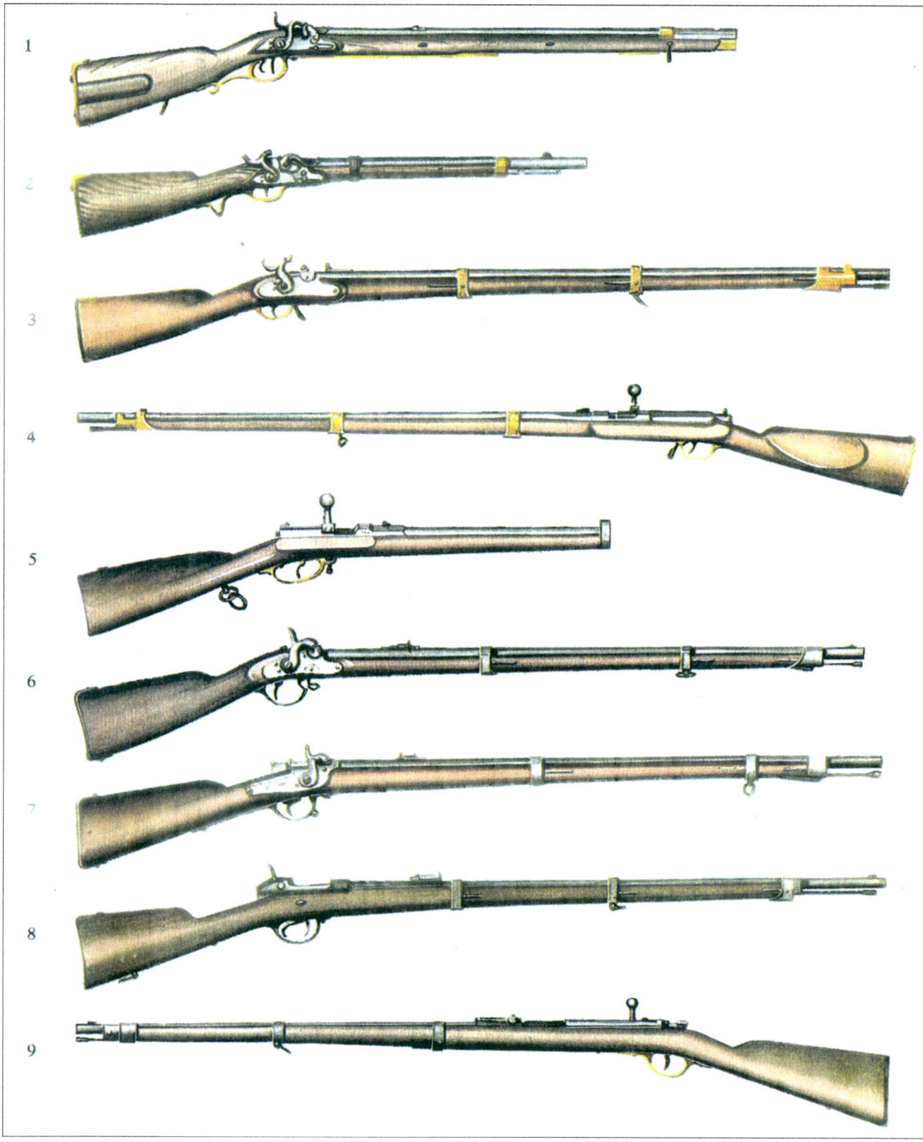


*Abb. 2 – Perkussions- und Hinterladewaffen*

*Handfeuerwaffen. Perkussions- und Hinterladewaffen bis letztes Drittel 19. Jh.: 1 Perkussionsjägerbüchse M1835 (Preußen); 2 Perkussionsreiterkarabiner M 1823/47 (Sachsen); 3 Perkussionsinfanteriegewehr M 1839 (Preußen); 4 Zündnadelgewehr M 1841 (Preußen); 5 Zündnadelkarabiner M 1857 (Preußen); 6 Infanteriegewehr M 1858/67 (Bayern); 7 Infanteriegewehr M 1865 (Sachsen); 8 Infanteriegewehr M 1869 (Bayern); 9 Infanteriegewehr M 71*

Die zahlreichen Gewehrarbeiter blieben für viele Jahre ein ständiger Unruheherd in den kleinen Gemeinden Saarn und Hattingen. Hinzu kamen Fluktuationen durch Abwerbung (auch aus Frankreich und Belgien) und Flucht, die zu Störungen im Produktionsablauf im Betrieb selbst führten.

Trotz allem wurden beachtliche Leistungen erreicht. In einem Bericht[2] darüber werden von seiner Entstehung bis zum Jahresende 1820 genannt:

| | |
|---|---|
| 41.079 | neue preußische Gewehre |
| 240 | neue preußische Husaren-Carabiner (gezogene) |
| 60 | neue preußische Cavallerie-Carabiner |
| 300 | Paar dito Pistolen |
| 503 | gezogene Jägerbüchsen (mit eroberten Läufen versehen) |
| 2.403 | Paar Pistolen (mit eroberten Läufen versehen) |
| 11.166 | Stück franz. Infanterie-Gewehre (mit eroberten Läufen versehen) |
| 5.418 | Stück Infanterie-Gewehre aller Nationen repariert |

Die Jägerbüchse (genaue Bezeichnung: Neue Corps-Jägerbüchse M/1810) waren nicht nur die Waffen der Jäger, sondern auch die Feuerwaffe der Infanterie-Unteroffiziere, die nach 1806 das Sponton (Stangenwaffe/kurzer Spieß als Rangabzeichen) ablegten. Bei dem neupreußischen Gewehr handelte es sich um das Steinschlossgewehr M/1809.

Eine bedeutende Umwälzung in der Bewaffnung der preußischen Armee brachte die 1830 befohlene Änderung der vorhandenen Steinschloßwaffen in solche mit Perkussionszündung. Diese Umänderungsarbeiten nahmen die Kapazität der Gewehrfabrik für fast 10 Jahre in Anspruch. Dazu wurden die Produktionseinrichtungen in Saarn und Hattingen erweitert.

Es erfolgte jetzt auch die Produktion der Jägerbüchse M 35 und des Infanteriegewehrs M/1839.

Die räumliche Trennung der Produktionsstätten machte sich aber immer mehr negativ bemerkbar. Viele Gewehrteile mußten zwischen Saarn und Hattingen hin- und hertransportiert werden. Diese Transporte wurden vom Wasserstand der Ruhr beeinflußt; Niedrigwasser

ab 1815

ca 1855

ca 1860

T = Trenelle

*Gewehr 91 (gefertigt 1891)*

1862

*Gewehr 88 (gefertigt 1890)*

## Seitengewehr 98/02

Klingenrücken: W 02

*Abb. 3 – Fertigungsstempel von Saarn und von Erfurt*

im Sommer, Eisgang und Überschwemmungen im Frühjahr führten zu Produktionsstörungen. Deshalb wurde über eine Verlegung der Gewehrfabrik nachgedacht. 1840 kam es zum offenen Bruch mit dem Fabrikanten Trenelle: Um höhere Gewinne zu erzielen, wurde minderwertiges Material verwendet, was dazu führte, daß viele Gewehrläufe beim Schießen in der Truppe platzten. Deshalb wurde der Vertrag mit ihm gelöst und die Gewehrfabrik Saarn-Hattingen im selben Jahr in staatliche Verwaltung übernommen.

Ab 1841 wurden nur noch die Perkussionsgewehre M 1839 gefertigt.
Das Revolutionsjahr 1848 verlief in Saarn und Hattingen ruhig. Eine zum Schutz der Gewehrfabrik eingerichtete Bürgerwehr brauchte nicht eingesetzt zu werden.
Inzwischen wurde die preußische Armee wieder umgerüstet. Im Jahre 1851 begann die Herstellung des Zündnadelgewehrs M 1841, System Dreyse. Dieser hatte per Vertrag vom 13.9.1849 die Nutzung seiner Erfindung in den staatlichen Gewehrfabriken ermöglicht und dafür Fertigung bestimmter Stückzahlen ausgehandelt. In Saarn sollten 6.000 Stück produziert werden. Die Überwachung oblag einer Kommission, die direkt dem Kriegsministerium unterstand. Dieses benutzte den Anlaß, sich vollkommen vom Einfluß des privaten Unternehmertums in den Gewehrfabriken Spandau, Saarn und Danzig zu trennen.
Am 17.7.1851 erhielt die Fabrik Saarn-Hattingen eine militärische Direktion; Präses wurde Major v. Garnier, der dem Kriegsministerium unterstellt war. Mit dem neuen Gewehr waren Neubauten, Umbauten und Installation neuer Maschinen erforderlich, was bis 1855 abgeschlossen werden konnte.

1857 führte die Direktion die Fertigung von gebohrten Gewehrläufen aus kohlenstoffarmen Gußstahl ein (bis dahin waren die Läufe aus dicken Eisenblechen zu einer Röhre zusammengeschweißt worden). Das Schäften blieb eine vollkommene Handarbeit. Die Belegschaft zählte nun 300 Arbeiter, 83 Arbeitsmaschinen waren im Einsatz.

Weil trotz Ausbaggerungen 1853 und 1856 die zur Verfügung stehende Wasserkraft unzureichend blieb und die Fabrikation stockte, wurde endlich die seit Jahren geplante Verlegung der Fabrik eingeleitet.
Als neuer Standort wurde Erfurt bestimmt.[3]

## Verlagerung in das Erfurter Brühl

Zum besseren Verständnis der Entscheidung, die Gewehrfabrik in Erfurt anzusiedeln, muß etwas weiter ausgeholt werden.

Zuerst soll die Frage beantwortet werden: Warum gerade Erfurt?

Die Verlegung erfolgte in eine als Festung ausgebaute Stadt (seit 1802 preußisch). Die „Allgemeine Militärzeitung“ informierte bereits am 19.4.1860: „.... hat die Regierung in Erfurt einen Theil des sogenannten Mainzer Hofes, hart an dem Petersberge, und zwar innerhalb der Stadtumwallung, angekauft, um eine neue Gewehrfabrik anzulegen, wofür die Grundbauten gegenwärtig in vollem Gange sind.“ Der Petersberg wurde von der starken Zitadelle gekrönt, deren 400 Mann Besatzung sich in nächster Nähe befand. Zusätzlich wurde mit den Kasernen des Feldartillerie-Regiments Nr. 19 (FAR-19), die sich direkt östlich und westlich neben dem zukünftigen Betrieb befanden, weitere Sicherheit gegeben. Zudem war anstelle der ungünstigen strategischen Lage Saarns (unmittelbare Nachbarschaft Frankreichs) ein zentral gelegener Ort gefunden worden, weit von den Außengrenzen des Königreiches entfernt. Die militärische Wache für die Gewehrfabrik stellten die in Erfurt stationierten Regimenter. Außerdem gab es in der thüringischen Metropole genügend geeignete Fachkräfte, und die Bewohner waren bislang nicht durch Aufmüpfigkeit aufgefallen, sondern galten als königstreu.
Das waren die hauptsächlich militärstrategischen und politischen Gründe.

Welcher Art waren die weiteren Gründe, daß man sich für das Gelände des ehemaligen Mainzer Hofes im Brühl entschied?

Auch hierzu einige notwendige Erläuterungen.
Hier im Brühl entstand, nachdem 1168 eine steinerne Mauer als Befestigungsring mit seinen 17 Türmen und 9 Torburgen um die Stadt errichtet worden war, die älteste Vorstadt Erfurts. Dieses mittelalterliche Areal wurde in großen Teilen vom Mainzer Hof eingenommen, d.h. eine erzbischöfliche Siedlung war vorhanden. Sie bildete eine selbständige Gemeinde unter einem Schultheißen und umfaßte neben der gegenwärtigen Brühler Straße mit ihren Nebengassen auch die Mainzerhofstraße bis zum Domberg und die Holzheienstraße bis zum Roßmarkt (heute Her-

mannsplatz). Hier lagen außerdem der Georgenthaler Klosterhof, das Collegium Marianum und die Juristenschule. Die Fläche umfaßte 22 ha.
Die Vorstädte waren damals fast alle schon vorhanden, aber noch ohne Mauerschutz. Am bedeutendsten waren sicherlich die Brühler- und Löbervorstadt, die schon ihre eigenen Kirchen hatten.
Zwischen 1400 und 1470 wurde ein zweiter, der äußere Mauerring errichtet – er umschloß nunmehr alle Vorstädte. Dieser Ring hatte 400 Jahre Bestand.[4]
Bekanntlich war Erfurt nach Aufhebung des eigenständischen Bistums (welches gerade erst durch Bonifatius 742 gegründet worden war) ab 755 mit der Diözese Mainz vereinigt; die Mainzer Herrschaft sollte dann über 1000 Jahre Bestand haben. Bis 1664 hatte Mainz hier im Brühl seinen Regierungs- und Verwaltungsapparat, den Mainzer Hof, angesiedelt. Aus grundherrlichen, unterstützt durch die kirchlichen, entwickelten sich die landesherrlichen Rechte, und schon im 12. Jh. stand fest, daß der Erzbischof von Mainz auch der Stadt- und Landesherr von Erfurt war. Dicht neben St. Severi wurde eine feste Burg errichtet, die wegen ihrer Form das Krummhaus *(curva domus)* genannt wurde und die mehr als 200 Jahre als bischöfliche Residenz gedient hat. Als Turmrest ist übrigens bis heute die sogenannte Bonifatiuskapelle vorhanden.
Das einst in Hochheim gelegene Vorwerk wurde 1255 ins Brühl verlegt; die eigentliche Gründung des Mainzer Hofes in Erfurt. Dieser wurde 1696 abgerissen und als steinerner Gebäudekomplex neu gebaut. Die Bauten waren 1839 noch vorhanden. Nachdem 1664 Erfurt gewaltsam unter Mainzer Oberherrschaft gebracht worden war, wurde 1699 der Ostflügel der Statthalterei neues Machtzentrum, 1711–1720 als Prachtbau vollendet. Die Mainzer Oberherrschaft, die sich auf Wirtschaft, Wissenschaft und Kultur der Stadt günstig auswirkte, dauerte bis 1802.

Soweit der Ausflug in die Geschichte.

Die Liegenschaften des ehemaligen Mainzer Hofes waren 1835 von Preußen aufgekauft und 1839 auf Befehl der preußischen Militärverwaltung abgebrochen worden. 1861 ereilte die alte Mainzerhof-Mühle das gleiche Schicksal. Für die Gewehrfabrik wurden hier die erforderlichen Grundstücke erworben und 1859 mit der Erbauung der Gebäude begonnen. Die für den Betrieb erforderliche Wasserkraft war in Form des Bergstromes, einem Nebenarm der Gera, vorhanden.

*Abb. 4 – Zukommandierte Unteroffiziere*

Der Umzug konnte also beginnen. Durch Allerhöchste Verordnung vom 16.9.1861 wurde die Verlegung der Direktion der Gewehrfabrik Saarn nach Erfurt „... hierdurch zur allgemeinen Kenntniß gebracht" und bereits am 28. September realisiert.

Die Übersiedlung der Fabrik wurde durch den Direktor Major v. Garnier und seinen Assistenten so geschickt und planmäßig durchgeführt, daß keine Betriebsstockungen auftraten, d.h. es wurde weiterhin produziert! So wie die Gebäude und Werkstätten in Erfurt fertiggestellt waren, siedelte eine Meisterschaft nach der anderen mit ihren Maschinen und Materialien über. Zu Beginn des Jahres 1862 war der Umzug beendet und der gesamte Betrieb in Erfurt vereinigt; der vollständige Maschinenpark und einige Spezialisten waren mit übernommen worden. Am 25.4.1862 nimmt die staatseigene Gewehrfabrik am Mainzerhofplatz die Produktion auf. Die Kapazität war vorhanden für die Herstellung von jährlich 10.000 Gewehren und 12 Mio. Zündspiegeln und Patronenhülsen.

Die Umwandlung der Gewehrfabriken zu Staatsbetrieben und die völlige Übernahme derselben unter militärische Leitung und Verwaltung in den 40er Jahren war für die Entwicklung der Fabriken von größter Bedeutung gewesen. An deren Spitze waren die Direktoren gestellt worden, denen als Mitglieder ein bis zwei Offiziere sowie ein Zeugoffizier für das Rechnungs- und Kassenwesen zugeteilt wurden. An militärischen Personal wurden mehrere Leutnants der Infanterie zugeteilt, aus welchen sich später die Direktionsmitglieder ergänzten. Für das Kassen- und Rechnungswesen wurden Zeugschreiber (später Zeugfeldwebel) zugeordnet; zur Verwaltung und Beaufsichtigung der Bestände an Gewehren, Gewehrteilen, Materialien usw. Zeugdiener (später Depot-Vizefeldwebel). An Beamten wurden Betriebs- und Revisionsbeamte, Pförtner, Hausdiener, Nachtwächter angestellt. Ferner wurde das Anschießen von Gewehren in der Gewehrfabrik eingeführt und für diesen Zweck Unteroffiziere von Infanterie-Truppenteilen zu den Gewehrfabriken kommandiert. [5]

Es ist davon auszugehen, daß in Erfurt sofort mit der Fertigung der neuen Zündnadelgewehre M 60 und M 61 für Füsiliere (d.h. leichte Infanterie, gute Schützen) sowie der dazugehörigen Bajonette begonnen wurde.

Auf technischem Gebiet waren ab 1862 inzwischen wesentliche Fortschritte durch die Umstellung von Handarbeit auf maschinelle Herstellung mit neu beschafften und erfundenen Maschinen erreicht worden. In

Saarn war die Laufproduktion z.B. durch zwei Bohrjungen im Alter von 14–17 Jahren besorgt worden. Die Schloßteile waren dort durch Feilen und Schleifen in Handarbeit nachzuarbeiten gewesen. Die Schleifarbeiten in Saarn waren an großen, bis zu 60 Zentnern schweren Schleifsteinen mit bis zu 250 Umdrehungen/min durchgeführt worden, wobei es nicht selten zu Unfällen kam. Die Bearbeitung der Schäfte war fast nur in Handarbeit erfolgt.

Jetzt, in Erfurt, fiel die Bearbeitung des Schaftes durch Handarbeit fort und konnte schneller und wirtschaftlicher von neuen Maschinen erledigt

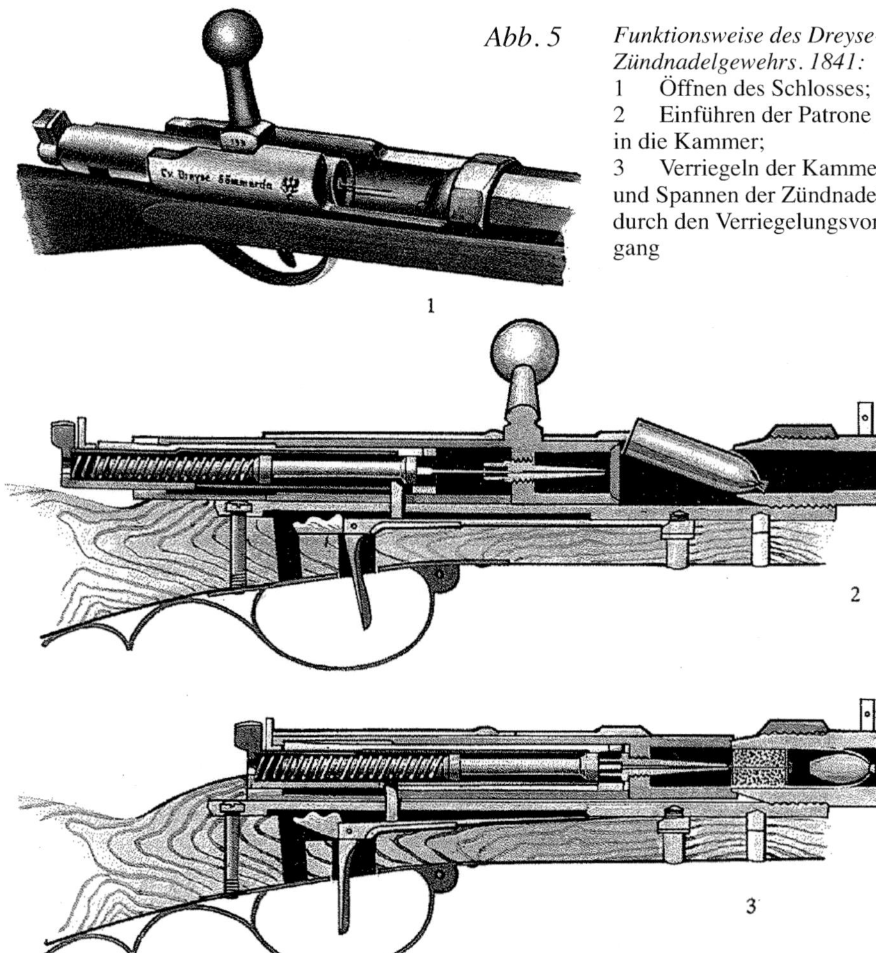


*Abb. 5* *Funktionsweise des Dreyse-Zündnadelgewehrs. 1841:*
1 Öffnen des Schlosses;
2 Einführen der Patrone in die Kammer;
3 Verriegeln der Kammer und Spannen der Zündnadel durch den Verriegelungsvorgang

sowie durch die Beschaffung neuer Fräsmaschinen die Handarbeit an einzelnen Gewehrteilen, besonders am Lauf, erheblich eingeschränkt werden.

Die Einführung des verbesserten Zündnadelgewehrs M 62, das in allen drei Gewehrfabriken produziert worden war, erfolgte 1863 in der Armee. Besonders auffällig daran: Der Lauf war nicht mehr blank, sondern gebräunt (brüniert). Auf diesem Gewehr aus Erfurter Produktion erscheint als Abnahmestempel ein gekröntes „FW“, „ERFURT“ und Adler als Herstellerangabe.
Durch Allerhöchste Verfügung war nämlich 1862 angeordnet worden, neue Dienstsiegel und Stempel mit auffliegendem Adler in den Kgl. Preußischen Gewehrfabriken zu verwenden.

In allen Gewehrfabriken werden Infanteriegeschosse angefertigt.

Bei dem Zündnadelgewehr M62 handelte es sich um einen Einzellader mit vier Zügen und Zylinderverschluß für Papierpatrone (mit Bleigeschoß darin) und dem großen Kaliber 15,35 mm.

Bei den Steinschloß- und Perkussionsgewehren hatte es sich um Vorderlader gehandelt, die – so der Name – von der Mündung des Laufes her zu laden waren. Die Zündung des Schusses war durch Reibung oder Schlag erzeugten Funkens bzw. einer detonierenden Kapsel mittels Hebel (Schloß) am hinteren Teil des Laufes erfolgt. In der Regel wurde bis in die 40er Jahre hinein ein glatter Lauf verwendet. Es waren zwar Kenntnisse über eine größere ballistische Leistungsfähigkeit gezogener Waffen vorhanden, aber durch die gezogenen Züge im Lauf resultierte eine umständlichere Ladeweise.
Deshalb wurde angestrengt an der Entwicklung von Hinterladern gearbeitet. Diese konnten sich jedoch lange Zeit nicht durchsetzen, weil viele Probleme bei der Schaffung eines gasdichten Verschlusses auftraten. Deshalb gab es die verbesserten Vorderlader noch kurze Zeit als Strukturwaffe in der Armee.
Preußen orientierte sich bereits in dieser Phase auf die Ablösung des Vorderladers durch Hinterlader und erlangte dadurch einen bedeutsamen Bewaffnungsvorteil.

Am Anfang der Hinterlader hatte die Erfindung des Zündnadelgewehrs durch Dreyse gestanden. Durch dessen Erfindung war der gesamte Zündvorgang in das Innere des Laufes verlegt worden. (s.Abb.5)

*Dreysse's neues Zündnadelgewehr.*

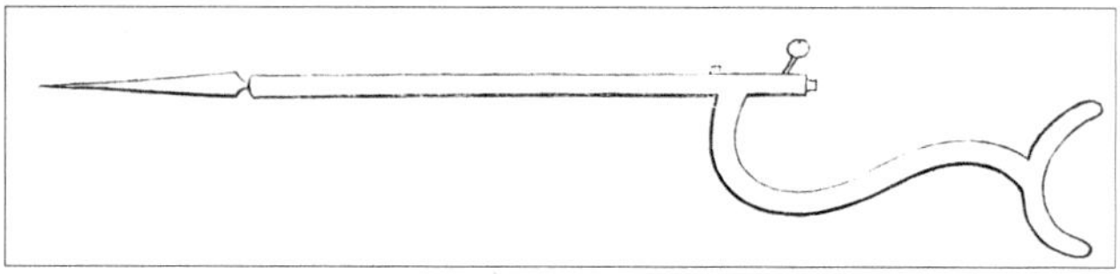

*„Von und auf dem Schlachtfelde". Nach Mittheilungen von Augenzeugen und nach der Natur aufgenommen von A. Sundblad.*
*Gartenlaube Doppelheft 31 und 32 – 1866, Doppelseiten 500 und 501.*

*Horst Großmann und Klaus Stoll schreiben in ihrem Buch [Seite 72]:*
***Die Schlacht bei Langensalza am 27. Juni 1866**: „Im Krieg gegen Dänemark 1864 war das Gros der preußischen Truppen mit dem Zündnadelgewehr ausgerüstet, die während des Feldzuges ca. 530.000 Zündnadelpatronen verschossen.*
*Im Bruderkrieg 1866 schickte Preußen ca. 268.000 Mann mit Dreyse-Hinterladern in den Krieg, einschließlich der Reserven waren zu dieser Zeit rund 600.000 Zündnadelgewehre vorhanden.*
*Das 2. Schlesische Grenadier-Regiment Nr. 11 verschoss im Treffen bei Langensalza mit dem Zündnadelgewehr 38.346 Patronen. Hier kam auch die Überlegenheit der schnelleren Schussfolge (etwa dreimal schneller gegenüber dem Vor-derlader-Perkussionsgewehr) zum tragen. ..."* [mehr dazu in Anlage 4]

*Erste Zündnadelgeschosse Kaliber 15,3 mm, Gewicht 28g*

*1866 eingesetzte Zündnadelge-schosse, Kaliber 13,6 mm, Gewicht 30g*

*Aus:* ***Die Schlacht bei Langensalza am 27. Juni 1866*** *von Horst Großmann und Klaus Stoll, Verlag Rockstuhl, Seite 71*

*Nikolaus von Dreysse. Nach einer Original-photographie vom Hofphotographen Frisch.*

*Aus:*
*Die Gartenlaube, 1866 – Heft 40 und 41, S. 628–631 und 640–643. Herausgeber Ernst Keil's Nachfolger, Leipzig.*

## Waffenproduktion von den Einigungskriegen bis zum Weltkrieg

Die Anzahl der Arbeiter (1862 ca. 100 Personen) verdoppelte sich bis 1865. In diesem Jahr erhielt die Gewehrfabrik Erfurt anstelle der alten Hattinger eine neue Fahne: Auf weißseidenem Grund der fliegende preußische Adler und darunter die Inschrift „Wilhelm I“. Auf der Rückseite waren zwei gekreuzte, von einer Krone überragten Gewehre mit der Inschrift „Königliche Gewehrfabrik Erfurt 1865“.

Ab 1863 erfolgte die Produktion des Zündnadelgewehrs M62 in großen Stückzahlen mit Verbesserungen an Schaft und Visier.
Der Betrieb ist das größte Fabrikunternehmen der Stadt.
Handarbeit wird zunehmend durch maschinelle Fertigung ersetzt. Ständige Modernisierungsarbeiten und Erweiterung des Maschinenparks (z.B. Fräsmaschinen zur Schaftherstellung) ermöglichen den hohen Produktionsausstoß bei relativ geringer Arbeiterzahl (1866: 420 Arbeiter).
Welche Bedeutung man der Gewehrfabrik Erfurt beimaß, bewies 1864 deren Besuch und Besichtigung durch Prinz Albrecht v. Preußen, denn Waffen wurden gebraucht. Nach Ausbruch des Krieges 1866 wurde mit aller Kraft versucht, die monatliche Produktion auf 2.000 Zündnadelgewehre zu erhöhen, was 1867 mit 3.000 Stück sogar übertroffen werden konnte.
Im Juni 1866 wurde die Produktion kurzzeitig unterbrochen, als wegen der heranrückenden feindlichen Hannoverschen Armee eine drohende Besetzung der Gewehrfabrik verhindert werden sollte. Die Gewehrarbeiter wurden mit Gewehren und Patronen bewaffnet; sie besetzten den Petersberg, die Reservisten der Artillerie wurden zu den Kanonen der Zitadelle gerufen. Die Aktion leitete der damalige Leutnant v. Flotow (später Generalmajor und Inspekteur der Gewehrfabriken). Entwarnung gab es nach der Kapitulation des Feindes bei Langensalza, als dieser dort die Schlacht verloren hatte.

Die preußischen Kriege gegen Dänemark 1864, gegen Österreich 1866 und gegen Frankreich 1870/71 führten zur Schaffung eines einheitlichen deutschen Nationalstaates, der durch Blut und Eisen gebildet wurde. Dieses Kaiserreich, am 18. Januar 1871 im Versailler Spiegelsaal in

*Abb. 6 – Um 1880 errichtete neue Fabrikgebäude und Beschußanlage (Foto 1890)*

Frankreich proklamiert, stand unter der Hegemonie Preußens. Frankreich hatte Elsaß-Lothringen an Deutschland abtreten und 5 Milliarden Goldfrancs Kriegskontributionen zahlen müssen.
Die Gewehrfabrik Erfurt hatte dazu ihren spezifischen Beitrag geleistet. Friedrich Engels: „Wer den Sieg über Dänemark richtig betrachtet, wer den Paukenschlag – Sieg über Österreich erlebte und die Ausdehnung Preußens auf die norddeutsche Armee und das süddeutsche Heer, die Intervention Preußens in Frankreich, die Niederschlagung des französischen Heeres und der Pariser Kommune – der wird die Rolle des neuen Hinterladergewehres schnell begreifen."
Mit dem Übergang zur industriellen Waffenfertigung war es gelungen, bewegliche Verschlußteile herzustellen, die es ermöglichten, Geschosse ohne Gasaustritte abzufeuern. Damit hatten sich Hinterlader endgültig durchgesetzt – ihre Einführung erfolgte bei allen europäischen Großmächten in den 60er Jahren. Die Vorteile waren die weit bessere Handhabung im Gefecht, insbesondere das Laden und Reinigen der Waffe. Abweichend von der alten Lineartaktik (geschlossenes Marschieren auf dem Gefechtsfeld und gleichzeitiges Feuern in einer Linie) war jetzt eine weitestgehende Ausnutzung des Geländes möglich. Das Gewehr wurde nicht mehr im Stehen geladen und nachgeladen, sondern in Deckung und in nahezu jeder Körperlage.
Die Hinterlader waren gleichzeitig Voraussetzung für die Entwicklung von Mehrladegewehren.
Die Zahl der Arbeiter stieg in diesem Jahr schnell; 1867/68 war der bis dahin höchste Personalbestand von ca. 650 Mann erreicht.
Nach dem Sieg Preußens über Österreich und dessen Verbündete schien eine kriegerische Auseinandersetzung mit Frankreich unvermeidlich. Wegen der unsicheren politischen Verhältnisse wurde deshalb angeordnet, die geplante monatliche Produktion von Zündnadelgewehren in Erfurt auf 3.000, in Danzig 3.000 und in Spandau auf 4.000 Stück zu erhöhen. Zusätzlich erfolgte in größter Eile die Umbewaffnung der Jäger und Pioniere mit der Büchse M 65 bzw. dem Zündnadel- Pioniergewehr.
Die Bewaffnung der Landwehr-Infanterie mit Zündnadelgewehren war im Januar 1868 abgeschlossen worden.
Die Konstruktion von Dreyse war inzwischen von vielen anderen Systemen überflügelt worden, z.B. durch das französische Chassepot-Gewehr.

In Preußen hatte man das wohl erkannt und mit Verbesserungen begonnen. Zur Einführung der aptierten Zündnadelgewehre kam es aber nicht mehr, da bereits wenige Monate später der Deutsch-Französische Krieg ausbrach. Das Personal der Gewehrfabriken wurde durch die Mobilmachung erheblich vermindert. Zahlreiche Arbeiter erhielten Gestellungsbefehl, und die meisten Büchsenmacher als Feldbüchsenmacher zur Truppe einberufen. In Erfurt sank die Zahl der Arbeiter 1870/71 auf ca. 300 Mann.
Im Krieg erwiesen sich die französischen Gewehre als überlegen, was zu hohen preußischen Verlusten führte, die Niederlage Frankreichs aber nicht verhindern konnte. Nach dem Friedensschluß war die Herstellung eines völlig neuen Gewehrs feste Absicht. Schon während des Krieges wurde fieberhaft an einer neuen Konstruktion gearbeitet. Es sollte eine höhere Reichweite und Durchschlagskraft (auf 1.600 m Entfernung ein Holzbrett von 1½ Zoll durchschlagen) bei verringertem Kaliber erreicht werden. Aus Österreich wurden Metallpatronen besorgt. Dabei handelte es sich um eine gerade aufgekommene Einheitspatrone mit Selbstdichtung, bei der eine Patronenhülse aus elastischem Blech das Entweichen der Gase verhinderte.
Die Fabrik vom Geheimen Kommerzienrat Mauser bot ein den Anforderungen entsprechendes Gewehr an. Nach einigen Verbesserungen wurde es durch Allerhöchste Verordnung vom 22. März 1871 unter dem Namen Infanterie-Gewehr M 71 für das Deutsche Reich eingeführt. Es war eine Waffe im Kaliber 11,0 mm, selbstspannender Einzellader und Zylinderdrehverschluß für Metallpatronen – die erste Einheitswaffe des kaiserlich-deutschen Heeres.[6]

Wegen den neuen Anforderungen an die bisher nicht gekannte Genauigkeit bei der Fertigung erfolgte der Import von Spezialmaschinen von der Fa. Pratt & Whitney aus Hartford (USA).
Die Anfertigung des leistungsfähigen Infanterie-Gewehrs 71 bestimmte in den Jahren nach 1871 die Arbeit in der Gewehrfabrik Erfurt. Im Herbst 1872 und im April 1873 erfolgten die ersten Lieferungen des neuen Gewehrs. Nach Erprobung begann 1874 die Ausgabe an das Heer. 1874 stieg die Zahl der fertiggestellten Gewehre in Erfurt auf 40.000 bis 50.000 Stück. Der Höhepunkt in der Fabrikation dieser Waffe wurde

1876 mit 60.000 Gewehren erreicht. Die Massenproduktion hatte eingesetzt. Die Königliche Gewehrfabrik blieb damit mit über 1.000 Arbeitskräften nicht nur das weitaus größte Unternehmen der Metallbranche, sondern der Stadt überhaupt.
Die Fabrik wurde 1872 und nochmals 1876 wesentlich vergrößert. Es wurden damit die erforderlichen Erweiterungs-, Um- und Neubauten von Gebäuden vorgenommen sowie neue Dampfmaschinen, sowie Lokomobile, Dampfkessel usw. angeschafft, neue Gebäude als Schmiedewerkstätten und für die Gewehrproduktion erbaut. Es handelte sich hauptsächlich um die Shedhalle, einer Stahlkonstruktion mit Oberfenstern für Großproduktion (Gebäude 55), wobei der dazu notwendige Technologietransfer von Frankreich stammte. Außerdem entstand mit dem Gebäude 52 ein Klinkerbau mit Produktionshalle im Erdgeschoß und für den Bereich Konstruktion/Entwicklung mit Oberlicht im Dachgeschoß.
1876 konnte die Gewehrfertigung bereits reduziert werden und wurde nach Beendigung der Umbewaffnung der Armee 1878 nur noch sehr eingeschränkt betrieben. Viele Arbeiter wurden entlassen.
Als Ersatz erfolgte ab 1.1.1878 die Produktion von Seitengewehr- und Lanzenteilen ausschließlich in Erfurt sowie Bajonettherstellung.
1875 war die Produktion von Munition innerhalb der Betriebe abgetrennt worden; die Betriebsbezeichnung lautete nun „Gewehr- und Munitionsfabrik“. Die Direktoren blieben die obersten Leiter beider Teile der Fabrik, es wurde aber ein Sub-Direktor zugeteilt.

In den folgenden Jahren wurden neue Schaftfräs- und Laufziehmaschinen beschafft. Aber auch die Fortschritte der Elektrotechnik wurden aufmerksam verfolgt und nutzbar gemacht. 1882 wurden die ersten Dynamomaschinen zur Lieferung von elektrischem Strom für Beleuchtung, zum Laden von Akkus sowie zum Antrieb von Elektromotoren angeschafft. Dazu wird in jeder Fabrik ein Ingenieur eingesetzt.
Nachdem bereits 1881 mehrwöchige Unterrichtskurse für Truppenoffiziere in den Gewehrfabriken eingeführt worden waren, wurden im Folgejahr Zeugleutnants als besondere Materialien- und Fabrikatenverwalter bei jeder Gewehrfabrik eingesetzt.
Zur Instandsetzung von Maschinen und für die Fertigung von speziellen Werkzeugen sowie Meßgeräten und Lehren wurden 1883 besondere Maschinenwerkstätten eingerichtet.

# Armee-Verordnungs-Blatt.

Herausgegeben vom Kriegsministerium.

23. Jahrgang. Berlin den 31. März 1889. Nr. 8.

Gedruckt und in Vertrieb bei E. S. Mittler & Sohn, Königliche Hofbuchhandlung, Kochstraße 68.

Der vierteljährliche Pränumerationspreis dieses Blattes beträgt 1 ℳ 50 ₰. Abonnirt kann werden: außerhalb bei den Postanstalten und bei den Buchhandlungen, in Berlin bei der Expedition, Kochstraße 68.
Bei Letzterer erfolgt auch der Verkauf einzelner Nummern dieses Blattes; der Preis derselben richtet sich nach der Anzahl der Druckbogen; jeder Druckbogen von 8 Seiten wird dabei mit 20 ₰ berechnet, falls nicht für einzelne Nummern noch besonders eine Preisermäßigung festgesetzt ist. — Die Expedition liefert auch nur auf einer Seite bedruckte, zum Einkleben in die Akten geeignete Exemplare. Dieselben sind zum vierteljährlichen Pränumerationspreise von 1 ℳ. 90 ₰ durch die Post oder in direkter Zusendung von der Expedition zu beziehen.

Nr. 76.

**Eingehen der Munitionsfabriken zu Danzig und Erfurt.**

Auf den Mir gehaltenen Vortrag bestimme Ich, daß die Munitionsfabriken zu Danzig und Erfurt nach entsprechender Erweiterung der Munitionsfabrik zu Spandau am 1. April 1889 eingehen. Das Kriegsministerium hat hiernach das Weitere zu veranlassen.

Berlin den 21. März 1889.

**Wilhelm.**

Bronsart v. Schellendorff.

An das Kriegsministerium.

Kriegsministerium. Berlin den 24. März 1889.

Vorstehende Allerhöchste Kabinets-Ordre wird hiermit zur Kenntniß der Armee gebracht.

Nr. 700/3. 89. A. 2. Bronsart von Schellendorff.

*Abb. 7 – Auflösung der Munitionsfabrik*

*Abb. 8 – Notgeld (2,8 fach vergrößert)*

*Abb. 9 – Manufakturwerkstatt 1890. Gewehrfertigung M 88*

Das Gewehr M 71 hatte sich bei der Truppe bewährt. Nach zehnjährigem Einsatz wurde ihre Kriegsbrauchbarkeit angezweifelt und ihre Aussonderung planmäßig vorgenommen. Es blieb das Ziel der Heeresverwaltung, eine höhere Feuergeschwindigkeit zu erreichen und zwar durch die Unterbringung mehrerer Patronen am und im Gewehr und ihre mechanische Zuführung in den Lauf. Die Kriege in Nordamerika und in der Türkei bestätigten die Brauchbarkeit der Magazingewehre. Die ausschlaggebende Wirkung des gezielten Schnellfeuers überzeugten die führenden Militärs auch in Deutschland, wenn auch damit ein höherer Munitionsverbrauch verbunden war.
Weil es starke politische Kräfte in Frankreich gab, die Elsaß-Lothringen vom Deutschen Reich zurückgewinnen wollten, wurde Deutschland zu einem schnellen Entschluß veranlaßt: Mauser konstruierte ein Magazingewehr, das zugleich Einzelladung ermöglichte. Das Repetiergewehr wurde durch Allerhöchste Kabinetts-Ordre vom 31.1.1884 unter der Bezeichnung Infanterie-Gewehr 71/84 eingeführt. Es handelte sich um einen Mehrlader mit Zylinderdrehverschluß System Mauser mit einem Röhrenmagazin im Vorderschaft und 8-10 Metallpatronen. Das Seitengewehr war mit einer Gesamtlänge von 35,45 cm extrem kurz. Als Notbehelf trug dieses Gewehr durch seine rasche Ausstattung des Heeres wesentlich zur Abwendung des drohenden Krieges mit Frankreich bei.
1884/85 wird Deutschland Kolonialmacht und beteiligt sich damit am imperialistischen Weltmachtstreben, was die internationale Situation verschärft.
Im Herbst 1885 begann die Produktion des Gewehrs M 71/84. Es wurden zusätzliche Arbeitskräfte für den Einsatz in Tag- und Nachtarbeit mit folgenden Produktionszahlen[7] für alle 3 Gewehrfabriken eingestellt:

| | |
|---|---|
| 1885 | 100.000 Stück |
| 1886 | 330.000 Stück |
| 1887 | 350.000 Stück |

Das entspricht einer täglichen durchschnittlichen Herstellung von 400 Gewehren pro Fabrik. In Erfurt waren schließlich ca. 1.600 Arbeiter tätig. Besonders Fachkräfte aus der Metallbranche wurden aus dem näheren und weiteren Umfeld (Eichsfeld) eingestellt. 1888 wird die Produktion dieses Gewehrs eingestellt, und dadurch verlieren zahlreiche Personen ihren Arbeitsplatz.

*Abb. 10 – Hauptgebäude um 1890*

Inzwischen arbeitete auch Frankreich an einem neuen leistungsfähigen Mehrladegewehr. Deutschland wollte dem durch ein Magazingewehr mit einem kleinen Kaliber begegnen. Das Ergebnis war das Gewehr 88. Die Fortschritte gegenüber dem M 71/84 waren der Übergang zu rauchschwachen Nitropulver, die Kaliberverkleinerung auf 7,9 mm, die Annahme des Stahlmantelgeschosses und die Verwendung eines Laderahmens mit 5 Patronen als Paketladung.[8]
Das bisher verwendete Schwarzpulver hatte Mängel, die eine weitere Verwendung für mechanische Waffen nicht zuließ: Es waren häufige Zwischenreinigungen notwendig, da beim Schießen zunehmend Verunreinigungen auftraten (nur ca. 50 % wurden verbrannt).
Das Gewehr wurde gemäß Verordnung vom 22.11.1888 offiziell eingeführt. Schon 1889 wurden die eben erst entlassenen Arbeiter fast alle wieder eingestellt, und nach sieben Monaten konnte die Produktion des neuen Gewehrs beginnen. Ende des Jahres hatte jede der 3 Gewehrfabriken bei Tag- und Nachtbetrieb in wenigen Monaten ca. 90.000 Stück geliefert.

In den Jahren 1888–1890 waren eine größere Anzahl neuer Anlagen und Betriebseinrichtungen geschaffen worden. Zum Bohren der kleinkalibrigen Läufe verwendete man zum ersten Mal amerikanische Laufbohrmaschinen, zur Herstellung der Laufmantelrohre bediente man sich des Kaltziehverfahrens. In Erfurt waren mehrere Grundstücke aufgekauft und zwei neue Fabrikgebäude sowie ein Arbeiterspeisesaal erbaut worden. Nur durch die höhere Qualität der Laufbearbeitung und durch den Einsatz rauchschwacher Pulversorten konnte die angestrebte Verkleinerung des Standartkalibers erreicht werden.
Das Jahr 1890 hatte die höchste jemals erreichte Produktion[9] von 220.000–230.000 Gewehren je Fabrik. So war die Umbewaffnung der Armee mit mehr als 660.000 neuen Gewehren in nur zwei Jahren möglich geworden. Die Anzahl der Beschäftigten in Erfurt betrug zwischen 1889 und 1890 nahezu 3.000 Arbeiter, darunter Spezialisten aus ganz Deutschland und der Schweiz.

1889 waren in Erfurt und Danzig die bisher bestehenden Munitionsfabriken aufgelöst worden (s. Armee-Verordnungs-Blatt). Statt deren wurde in Spandau eine eigene zentrale Munitionsfabrik mit 5.000–6.000 Arbeitern und Arbeiterinnen geschaffen.
Nach der Erledigung der großen Aufträge für Gewehr 88 fanden in allen Gewehrfabriken zahlreiche Arbeiterentlassungen statt. In Erfurt sind nur noch ungefähr 300 Arbeiter beschäftigt!
In der thüringischen Metropole wurden keine Gewehre mehr gefertigt. Die Fabrik wurde für die Herstellung von Karabiner 88 und Gewehr 91 (d.h. K 88 mit Zusammensetzvorrichtung, ursprünglich für Fußartillerie, später für Radfahrer) sowie den Revolver 83 eingerichtet. Dadurch gab es wieder für mehrere Jahre reichlich Arbeit. Für später ist die Herstellung von Seitengewehren und Blankwaffen belegt.
1892 wurde durch einen Brand ein Lokomobilschuppen vernichtet und eine Maschinenwerkstatt bedroht, letztere jedoch ohne großen Schaden.
Zunehmend werden Elektromotoren zum Antrieb von Maschinen, Wellensträngen und einzelnen Werkstätten eingesetzt.
Die Jahre bis zur Jahrhundertwende waren in der Gewehrfabrik Erfurt ausgefüllt mit der Fertigung von Blankwaffen und Revolvern 83 sowie mit Instandsetzungen aller Ordonnanzwaffen der Armee. So wurden die Instandsetzungen der Gewehre 91 der Radfahrer vollständig der Fabrik

Erfurt übertragen; die Produktion dieses Gewehres wurde nachweislich noch über das Jahr 1897 fortgesetzt.
Die überstürzte Produktion und die daraus resultierenden gravierenden Mängel des Gewehrs 88 führten zum Entschluß, die Armee wiederum mit einem besseren Gewehr auszustatten. So wurde das von Mauser entwickelte Modell 88/97 in den Jahren 1897/98 in Erfurt hergestellt.

Im Kriegsministerium war 1896 die „Inspektion der technischen Institute" eingerichtet worden mit dem Resultat, daß die zur Dienstleistung bei den Gewehrfabriken kommandierten Offiziere den Befehl zum Besuch der Technischen Hochschule erhielten. Diese Festlegung besagte, daß diese Offiziere nach spätestens vierjährigem Kommando in der Fabrik – einschließlich des zweijährigen Studiums an der TH – zum Truppenteil zurückkehren mußten, um nach mehrjähriger Tätigkeit als Kompaniechef wieder in der Fabrik, als Direktionsassistenten, eingesetzt zu werden. Diese Tatsache muß man als Beweis für die höhere Verantwortlichkeit auf diesem Gebiet werten.

Ab 1898 verschärfen sich die durch den Imperialismus entstandenen Spannungen zwischen den Großmächten. Der preußische General Hermann v. Budde (nach ihm wurde 1914 eine Straße im Erfurter Süden benannt) wird Generaldirektor der Deutschen Waffen- und Munitionsfabriken.

*Abb. 11 – Reichsrevolver 83*

*Abb. 12 – Pistole 08*

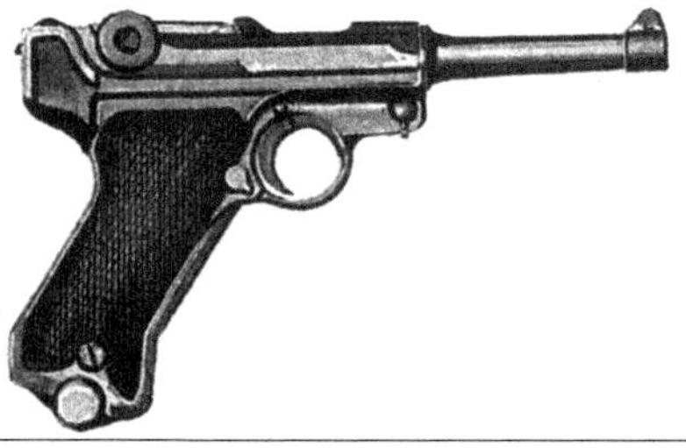

Die sozialen Probleme lassen sich an den sprunghaften Veränderungen in der Anzahl der Beschäftigten nur erahnen:

| Jahr | Beschäftigte |
|---|---|
| 1860 | 100 |
| 1863 | 220 |
| 1866 | 420 |
| 1867 | 680 |
| 1870 | 320 |
| 1874 | 900 |
| 1875 | 1.030 |
| 1878 | 330 |
| 1880 | 430 |
| 1884 | 430 |
| 1886 | 1.590 |
| 1888 | 760 |
| 1890 | 2.820 |
| 1891 | 800 |
| 1896 | 900 |
| 1897 | 850 |
| 1900 | 3.500 |

Entlassen wurden zuerst immer die angelernten Arbeiter. Fachkräfte versuchte man mit allen Mitteln zu halten. Eine nicht geringe Anzahl dieser Mitarbeiter wurden in ein Beamtenverhältnis übernommen und damit von den Einstellungs- und Entlassungswellen nicht mehr betroffen.
Die Aufträge auf Schußwaffen waren 1898 so gering, daß in den Gewehrfabriken auch Geschütz- und Geschützzubehörteile der Artillerie angefertigt werden.

In der Revolverzeit konnte der Personalbestand von ca. 800 Personen gehalten werden. Bei den zahlreichen Entlassungen kam der Revolverauftrag[10] wie gerufen und lastete die Fabrik für einige Jahre aus. Der Revolver war ab 1883 zuerst durch ein Suhler Konsortium produziert worden, auch Dreyse und Mauser haben dieses Modell gefertigt. In Erfurt begannen die vorbereitenden Arbeiten 1891, die Auslieferungen begannen Ende 1892 und liefen bis 1896.
Der Reichsrevolver M/83 war die Bewaffnung der Krankenträger, Unteroffiziere der Fußtruppen, Einheiten des Trains und der Artillerie. Er fand

*Abb. 13 – Mehrlade- und automatische Waffen 1888–1945*

*Handfeuerwaffen. Mehrlade- und automatische Waffen bis 1945:1 Gewehr 88; 2 Gewehr 98; 3 Maschinenpistole 181; 4 Karabiner 98 K; 5 Maschinenpistole 38/40; 6 Selbstladegewehr 43; 7 Sturmgewehr 44*

auch Verwendung als Offiziersrevolver, für Fahnenträger und Tambours.
In Erfurt wurden produziert:

| lt. Verfügung | Bestellmenge |
|---|---|
| 12.3.1891 | 92.500 |
| 1893/94 | 2.500 |
| 1907 | einige wenige |
| Summe | ca. 95.000 |

Diese Revolver wurden für die Bewaffnung der Kanoniere der Feldartillerie hauptsächlich des Königreiches Preußen bestellt (nur 2.500 für das Königreich Württemberg).
Die zur Anfertigung des Gewehrs 71 importierten Werkzeugmaschinen aus den USA fanden hierbei wieder Anwendung.

Die konstruktiven Mängel des Gewehrs 88 forderten die Entwicklung eines neuen Infanteriegewehrs mit außerordentlicher Sorgfalt heraus. Wiederum war es Mauser, der sich mit seiner Konstruktion durchsetzen konnte. Gemäß Allerhöchster Verordnung vom 5. April 1898 wurde die Waffe als Gewehr 98 nebst Infanterie-Seitengewehr 98 eingeführt.
Diese in jeder Hinsicht vollkommene Waffe hatte gegenüber dem Gewehr 88 folgende Vorzüge: vorhandener Handschutz über dem Lauf, Wegfall des Laufmantels, Seitengewehr befindet sich unter dem Lauf, angebrachter Mündungsdeckel.
Das Gewehr 98 stellte höchste Anforderungen an die Fertigungseinrichtungen in Erfurt. Neue Gebäude mußten gebaut, alte umgebaut werden. Eine Vielzahl neuer Maschinen wurde installiert. Die Fertigung des Gewehrs erfolgte in 36 Schritten; es wurden dazu die Werkstätten I – IV durchlaufen. Nach dem Anschuß in der Schießhalle erfolgte die Endabnahme und der Transport in das Fertiglager. Die Handarbeit beschränkte sich schließlich nur noch auf das Zusammensetzen der einzelnen fertig bearbeiteten Gewehrteile, die nun durch die hohe Genauigkeit ihrer Fertigung austauschbar geworden waren.
Durch die Fa. Mauser wurde auch eine Variante dieser Waffe für die Kavallerie und Artillerie in Form des Karabiners K98 entwickelt, deren Fertigung 1901 erfolgte. Die Gewehrfabrik Erfurt blieb der Schwerpunkt der deutschen Karabinerherstellung bis 1918.[11] Gewehr 98 und Karabiner 98 haben sich auf Grund des Mauser Zylinderverschlusses einen legendären Ruf erworben. Es handelt sich um einen Mehrladerepetierer mit

einem Mittelschaftsmagazin für 5 Patronen. Dessen geistiger Vater war Peter Paul Mauser gewesen, der ihn über ganze Generationen verbessert hatte, die bis 1871 zurückreichten. Mit dem neuen Gewehr wurde der Konstruktionsstand praktisch „eingefroren". Die deutschen Truppen zogen 1914 mit dieser Waffe ins Feld, und 1918 wurde es noch so in riesigen Stückzahlen produziert. Die Einführung des Spitzgeschosses (S-Patrone) ab 1903 verbesserte die Leistung diese Waffe: Die Verwendung von neuem rauchschwachem Pulver in Verbindung mit dem geringerem Gewicht des Geschosses (nur noch 10 g) ermöglichte eine Steigerung der Anfangsgeschwindigkeit auf 900 m/s und eine geringere Streuung.
Im Jahre 1908 wurden in ausgedehntem Maße Veruntreuungen im Erfurter Betrieb festgestellt; d.h. Gewehrteile und -systeme des Mauser-Modells 98 waren durch Militärpersonen entwendet bzw. weiterverkauft worden. Dafür gab es Freiheitsstrafen sowie damit verbunden jahrelanger Ehrverlust.

Am Vorabend des Weltkrieges hatte es sich auch herausgestellt, daß die vorhandenen Revolver längst nicht mehr den Ansprüchen genügten. Eine neue Faustfeuerwaffe mußte her. Aus einer Konkurrenz der besten Kon-

*Funktionsweise des Mehrladegewehrs, Mauser 98:* 1 Öffnen des Schlosses, Eindrücken der Patronen vom Ladestreifen in das Magazin; 2 Einführen einer Patrone aus dem Magazin in die Kammer, Verriegelung der Kammer und Spannen des Schlagbolzens durch Schließen des Schlosses

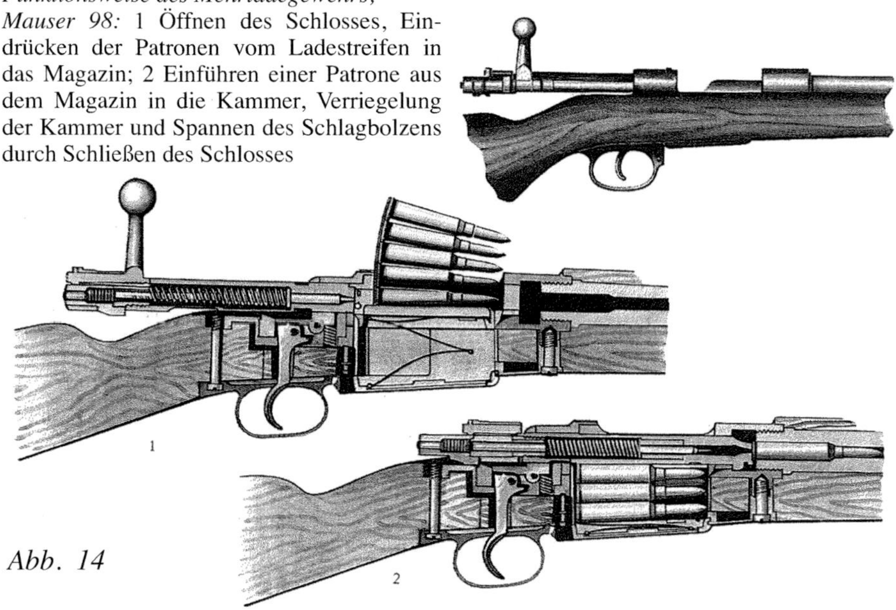


*Abb. 14*

struktionen ging Georg Luger als Sieger hervor. Die von ihm vorgestellte Pistole wurde am 22.8.1908 als „Pistole 08“ eingeführt. Sie wurde bis 1917 produziert. Während des Krieges wurde sie mit einem ansetzbaren Holzschaft, teilweise auch mit einem verlängerten Lauf (lg. Pist. 08) sowie einem Trommelmagazin für 32 Patronen versehen. Diese lange Version war für die Feldartillerie und Flieger vorgesehen, hatte ein verstellbares Visier sogar für Schußentfernungen bis zu 800(!) Meter. Charakteristisch war der Name Parabellum für diese Pistole: para bellum (lat.) = sei kriegsbereit. Die Kriegserprobung erfolgte für ihre Vorgängerpistole Borchardt C 93 (1894 auf dem Markt, ebenfalls von Luger entwickelt) beim „Boxeraufstand“ im Jahre 1900 in China (bei dessen Niederschlagung sich Deutschland mit 22.500 Mann und 3.000 Pferden beteiligte) sowie für die neue Pistole 08 und andere Waffen während der Kämpfe in den deutschen Kolonien in Afrika.
Es handelte sich um eine Selbstladepistole für 9 mm Spezialpatronen. Diese Patronenart fand später bei zahlreichen anderen Armeepistolen und fast allen Maschinenpistolen Verwendung.

*Abb. 15 – Gesamtansicht vor 1912*

Die Herstellung der Pistole 08 bei der Gewehrfabrik Erfurt lief 1911 an. Nachgewiesen bei der Stempelung der Pistole aus Erfurt sind die Jahreszahlen von 1911 bis 1918 mit Ausnahme von 1915 (hier lange Pistole 08). Nach vorsichtigen Recherchen wurden in Erfurt ca. eine halbe Million Pistolen produziert.[12]

Diese Waffe wurde auch in anderen Fabriken hergestellt, besonders durch DWM als primäres Herstellerwerk.

1909 hatte die Stadt Erfurt städtisches Gelände für Fabrikneubauten sowie Erweiterungsbauten, vor allem der Gewehrfabrik, freigegeben. Im Betrieb verliefen Gleise zum innerbetrieblichen Transport.

An mehreren Stellen wurde auf die Produktion von Blankwaffen hingewiesen. Die wichtigsten waren Seitengewehre/Bajonette, deren Fertigung folgende Übersicht [13] zeigt:

| | |
|---|---|
| 1875–1881 | Inf.-SG 71 |
| 1875–1889 | SG 71/84 |
| 1883–1885 | Hirschfänger 71 |
| 1889 | Inf.-Offz.-Degen (IOD 89) |
| 1897 und 1904 | preuß. Artillerie-Säbel |
| 1898–1907 | Seitengewehr S 98 |
| 1901–1915 | kurzes Seitengewehr KS 98 |
| 1902–1908 | Seitengewehr S 98/02 |
| 1906–1915 | Seitengewehr S 98/05 |
| 1915–1917 | Seitengewehr S 84/98 |

sowie div. Versuchsbajonette mit zylindrischem Rohrgriff und Schlangenkörperparierstange (Vierkant).

Dazu zwei Anmerkungen: In den Anfangsjahren erfolgte nach Zulieferung von vorgefertigten Teilen die Finalproduktion mit Doppelbezeichnung auf der Klinge (z.B. ALEX. COPPEL SOLINGEN und ERFURT). Bei dem S 98 geben die letzten beiden Ziffern das Konstruktionsjahr an.

## Die Gewehrfabrik und die Arbeiterbewegung

Die stetige Entwicklung der Erfurter Gewehrfabrik ging einher mit der erstarkenden Arbeiterbewegung. Diese war der organisierte Kampf zur Absicherung der Arbeiter in sozialpolitischer, arbeitsrechtlicher und wirtschaftlicher Hinsicht. Bei Marx/Engels dominierte dagegen die Frage der Macht.
Die Gründung der SDAP 1869 war der Zusammenschluß der verschiedenen Strömungen. Bismarck bekämpfte diese erstarkende Partei durch Verbote mit dem Sozialistengesetz (1878–1890); sein Ziel war es, die Arbeiterbewegung zu zerschlagen. In den 90er Jahren leitete Bernstein die Wandlung der Sozialdemokratie zu einer Partei ein, die sich mittels Reformen für Wahlrecht, Sozialversicherung, Achtstundentag und Tarifverträge einsetzte.

Die zahlenmäßige Stärkung der SPD und der Gewerkschaften und deren Einfluss war trotz aller Repressalien nicht aufzuhalten. Nach einer statistischen Erhebung im Frühjahr 1890 schätzte die Erfurter Polizei die Sozialdemokraten auf 2.000 in 20 Fabriken, besonders in der Kgl. Gewehrfabrik und bei Ed. Lingel.
In der Arbeitsordnung[14] der Gewehrfabrik hieß es 1899: „Es werden zur Arbeit nur deutsche Reichsangehörige zugelassen, die sich bisher achtbar geführt haben ... Von der Einstellung sind Personen ausgeschlossen, die sozialdemokratischen oder sonstigen staatsfeindlichen Bestrebungen Vorschub leisten oder von denen vorauszusehen ist, daß sie den Frieden zwischen den Behörden und den Arbeitern oder der Arbeiter untereinander stören wollen.“ In einer Bekanntmachung der Direktion[15] heißt es: „Wer den in den Aushängekästen aushängenden Bestimmungen der Arbeitsordnung zuwiderhandelt, wird <u>ohne Kündigung</u> sofort entlassen ...“ An anderer Stelle dieser Bekanntmachung wird gefordert: „ Sämtliche Herren Offiziere sowie Beamte sind Vorgesetzte der Arbeiter. Ihnen ist anständig und höflich entgegenzutreten.“
Eine parteiliche oder gewerkschaftliche Organisierung war nicht erlaubt. Selbst das Mitbringen des in die SPD-Zeitung „Tribüne“ eingewickelten Mittagsbrotes reichte zur fristlosen Entlassung. Was mit Verboten und Geboten nicht zu erreichen war, versuchte man mit

Vor- und Zuname: Oskar
Geburtstag: 26.6.1877
Geburtsort: Erfurt
Wohnung: Erfurt
…gasse 4.
Kontroll-Nr. 867
Gewerk
Oskar Frölich.
(Unterschrift des Inhabers.)
GEWEHRFABRIK ZU ERFURT
(Dienststempel.)

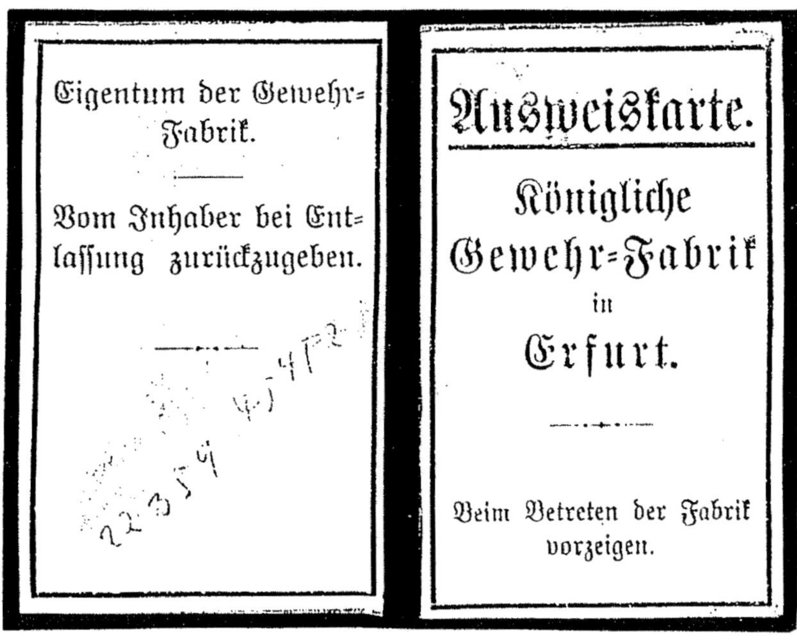
Eigentum der Gewehr-Fabrik.

Vom Inhaber bei Entlassung zurückzugeben.

Ausweiskarte.

Königliche Gewehr-Fabrik in Erfurt.

Beim Betreten der Fabrik vorzeigen.

*Abb. 16 – Dienstausweis*

Vergünstigungen und Annehmlichkeiten vom Staat, vom Kriegsministerium und von der Fabrikdirektion selbst:

- Bismarcks Sozialversicherungsgesetze (s. Anlage 3) sollten dazu beitragen, die Arbeiter mit dem bürgerlichen Staat zu versöhnen.
- Ab 1881 sind auf sozialem Gebiet durch Gesetze Verbesserungen der Arbeits- und Lebensbedingungen in Kraft gesetzt worden, die in den und für die Kgl. Gewehrfabriken erweitert wurden.

Der Direktionsassistent (und spätere Direktor) der Gewehrfabrik Erfurt, Hauptmann Gothsche, nennt 1904 in seinem Büchlein „Die Königlichen Gewehrfabriken“

- die Arbeitsschutzbestimmungen vom 1. Juni 1891,
- den Arbeiterunterstützungsfonds vom 1. April 1901 (Gnadenunterstützung, Unterstützung von Witwen verstorbener Arbeiter, Erziehungsbeihilfen für Kinder sowie Unterstützung bei Notlagen an ehemalige Arbeiter und deren Hinterbliebene).

Er begeistert sich zudem an der Einrichtung von Kantinen, Speisesälen und Bädern, an dem Vorhandensein von Wascheinrichtungen, verschließbaren Kleiderschränken, Heißwasserkesseln zum Aufbrühen des mitgebrachten Kaffees, schattigen Lauben und Bänken für die Pausen u.a.

Fakt ist, daß auch in Erfurt eine Kantine, ein Wannen- und Brausebad, eine Sanitätsstube vorhanden waren. Essenmarken der Lebensmittelstelle sowie Notgeld der Kgl. Gewehrfabrik Erfurt sind Belege für betriebliche Versorgung. Das Aufwärmen der Speisen in der Mittagspause war möglich. Unverheiratete Arbeiter konnten gegen Bezahlung eine Kost erhalten.
Für diese Zeit waren das keine Selbstverständlichkeiten, im Gegenteil; aber auch keine Geschenke der Obrigkeit.

Naturgemäß gab es nicht wenige Arbeitsunfälle – in den ersten Jahren besonders an den mit Muskelkraft zu bewegenden schweren Schleifsteinen, später in Folge des Zeitdruckes durch die Maschinen diktierten

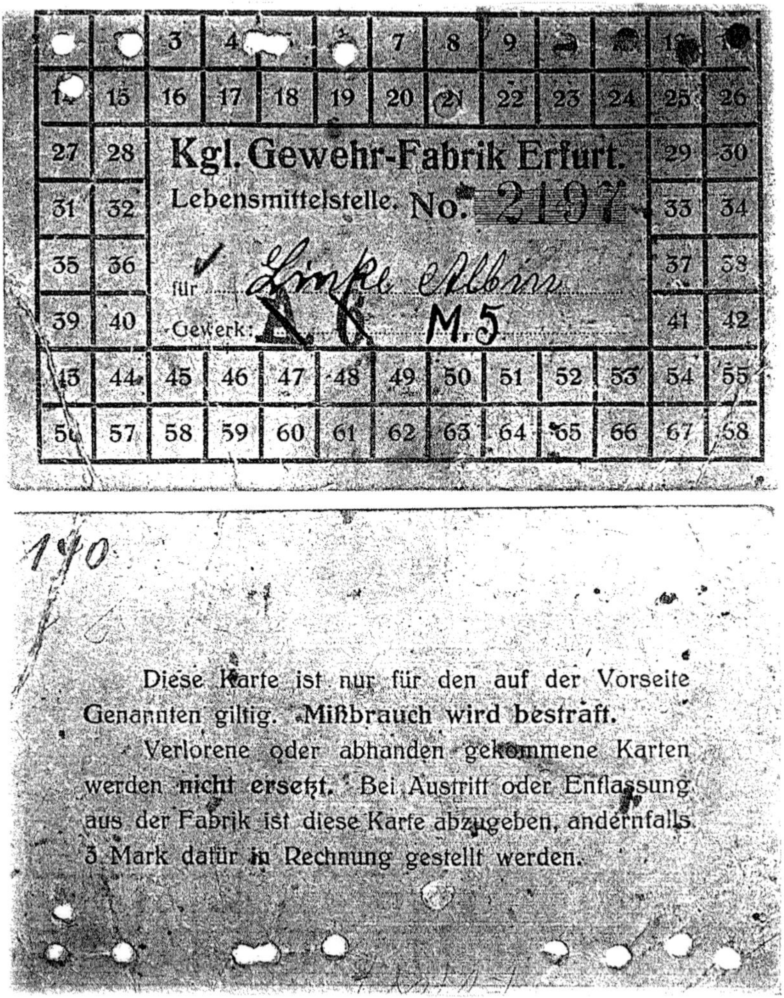

Kgl. Gewehr-Fabrik Erfurt.

Lebensmittelstelle. No. 2197

für Linke Albin

Gewerk: A 6 M.5

Diese Karte ist nur für den auf der Vorseite Genannten giltig. **Mißbrauch wird bestraft.**

Verlorene oder abhanden gekommene Karten werden **nicht ersetzt.** Bei Austritt oder Entlassung aus der Fabrik ist diese Karte abzugeben, andernfalls 3 Mark dafür in Rechnung gestellt werden.

*Abb. 17 – Essensmarke*

Stücklohnes, die dazu führten, Arbeiter im Sanitätsdienst ausbilden zu müssen und Verbandszeug in überall erreichbaren Schränken bereitzustellen.
Für die Arbeiter war es jedoch – im Gegensatz zum Privatbetrieb – eine relativ sichere Arbeit.

Selbstverständlich war die Gewehrfabrik ein rein militärisches Objekt; die Leitung bestand aus Offizieren, Unteroffizieren und Militärbeamten. Vom Meister aufwärts waren alle Militärs. Es herrschte militärischer Gehorsam, aber dafür waren die Arbeiter „pensionsberechtigt“.
Gesetzlich gab es keinen Urlaub, jedoch erhielten Beschäftigte, die 10 Jahre im Betrieb waren (das dürfte in der Regel nur für Beamte zugetroffen haben), eine Woche bezahlten Urlaub. Als sozial galt auch, daß die Arbeiter nur 9 Stunden arbeiteten (in der Privatindustrie waren es 10 Stunden).
Josef Keppler, mein Urgroßvater, arbeitete nachweislich 1880 bis 1883 als Arbeiter in dieser Fabrik. Laut Klassensteuerrolle (Einkommensnachweis) von Melchendorf lebte er mit 1 weiblichen und 5 nicht erwerbsfähigen Angehörigen dort im Haus Nr. 45a. Er erhält einen Jahreslohn von 480 Mark Netto = 13 Pfennige Stundenlohn. Sein Hab und Gut (Wert der Wohnung) wird mit 45 Mark aufgelistet. Direktor der Gewehr- und Munitionsfabrik ist zu dieser Zeit Oberst Jagemann. Josef arbeitet kalendertäglich 10 (9) Stunden in der Fabrik, wozu er bei jedem Wetter die 5 Kilometer Entfernung von der Wohnung und zurück zu Fuß zu bewältigen hatte.
Mit ihm und auch in früheren Jahren arbeiteten drei Brüder und weitere Verwandte, die alle aus dem Eichsfeld gekommen waren, dort. Sein Bruder Christoph hatte Glück und wohnte 1876 am Mainzerhofplatz 8, also direkt gegenüber der Fabrik.
Erst nach dem Fall des Sozialistengesetzes wird 1891 die Sechs-Tage-Woche eingeführt; d.h. der Sonntag wurde arbeitsfrei.
1910 erhielten die Arbeiter im Akkordlohn zwischen 3,20 und 6,10 RM am Tage. Es gab aber auch Geldstrafen für Unpünktlichkeit und für unsauberes Arbeiten zwischen 0,50 und bis zu 3,00 RM.
Vor Kriegsbeginn waren im Betrieb 1.700 Personen beschäftigt und bis dahin keine Frauen. Es gab kein Krankengeld für die ersten drei Tage.

Die Arbeiterbewegung ging aus den Kämpfen um soziale Absicherung gestärkt hervor. Bei den Reichstagswahlen am 12.1.1912 wird die SPD erstmals stärkste Fraktion.
Obwohl die deutsche Sozialdemokratie eine starke legale politische Macht geworden war und eine starke Vertretung im Reichstag hatte, war die politische Organisierung der Arbeiter in der Gewehrfabrik streng verboten. In einem solchen Betrieb war der Streik nicht nur verboten, sondern überhaupt nicht möglich.

*Abb. 18 – Betriebsbahnhof nach 1920*

Das Herannahen des Krieges machte sich in der Erfurter Gewehrfabrik besonders deutlich bemerkbar. Um im Krieg ausreichend über Waffen verfügen zu können, wurde die Produktionskapazität deutlich gesteigert. Bereits kurz vor Kriegsbeginn begann eine rege Bautätigkeit. So wurde 1912 der Pferdestall als Produktionsstätte eingerichtet und um das Doppelte vergrößert. Ein Anschlußgleis an das Bahnnetz wird im selben Jahr geplant. In den Jahren 1913/14 entstanden weiterhin die Gebäude 20 und 54 (s. Lageplan).

## Das Anschlußgleis der Königlichen Gewehrfabrik

In dem Buch **„Die Geschichte der Kleinbahn Erfurt (West) - Nottleben 1926–1967“** geht der Autor Günter Barthel ausführlich auf die Geschichte und den Trassenverlauf der Anschlußbahn zur Königlich-Preußischen Gewehrfabrik und zum späteren VEB Optima ein.
Im Kapitel „Das Anschlußgleis der Königlichen Gewehrfabrik“ lesen wir u.a.:
*„ Am 22.6.1915 wandte sich die Königlich-Preußische Gewehrfabrik in Erfurt an den Landrat des Landkreises mit der dringenden Bitte, den ersten Teilabschnitt der geplanten Kleinbahn von Ilversgehofen über*

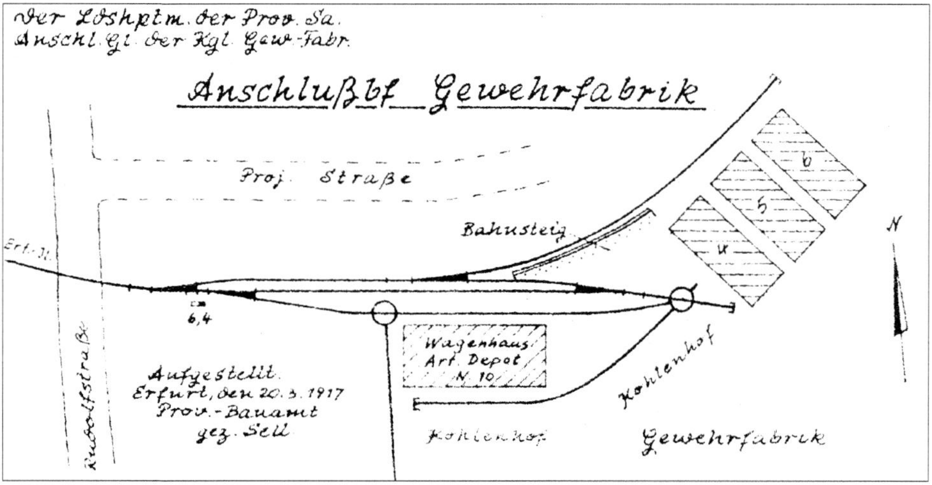


*Anschlußbahnhof Gewehrfabrik 1917. Zeichnung von Günter Fromm aus dem Buch „Die Geschichte der Kleinbahn Erfurt (West) - Nottleben 1926–1967“*

*Anschlußbahnhof Gewehrfabrik am 10.4.1945. Luftbild-Auszug Bildflug-Nr. 1945117. Bild-Nr. 3153. © GDI-Th.*

*Marbach bis Bindersleben zu bauen, um von dieser Strecke aus einen Gleisanschluß zu erhalten. In der Begründung hieß es, daß das Fehlen eines Anschlußgleises an die Staatsbahn sich in „empfindlichster und störender Weise“ geltend gemacht hätte. Da auch hier Schwierigkeiten bei der Finanzierung entstanden, übernahm kurzerhand die Heeresverwaltung den Bau ihrer Anschlußbahn vom Staatsbahnhof Erfurt-Ilversgehofen über Marbach zu den Werkstätten der Gewehrfabrik am Petersberg. Als Grundlage für den Bau aber dienten die Pläne der Kleinbahnabteilung der Provinzialverwaltung in Merseburg, so daß später bei einem Weiterbau der Strecke nach Nottleben der größte Teil des Anschlußgleises genutzt werden konnte. Im März 1917 lagen die Pläne für die Anschlußbahn vor. Die Deutsche Straßen- und Kleinbahnzeitung von 1917 bringt dazu folgende Notiz:*

*„Erfurt - Nottleben. Das Zustandekommen einer normalspurigen Kleinbahn Erfurt - Nottleben ist jetzt so gut wie gesichert. Betreffs des Baues wurde der Kreisausschuß zur Abgabe einer verbindlichen Erklärung dem Militärfiskus gegenüber wegen späterer Übernahme der Strecke Erfurt-Nord bis Station 5,5, wo die Abzweigung des Anschlußgleises der Kgl. Gewehrfabrik erfolgt, auf den Kreis ermächtigt.“*

*Am 22. Dezember 1917 konnte der Betrieb der Anschlußbahn aufgenommen werden. Die Strecke war 6,6 km lang und begann im Bahnhof Erfurt - Ilversgehofen, der an der Linie Erfurt - Nordhausen liegt. Sie wurde an die doppelte Kreuzweiche Nr. 6, an der schon eines der beiden Anschlußgleise zur hier neu entstandenen Lokomotivfabrik der Firma Hagans abzweigte, in der Verlängerung des Gleises 5 angebunden. ...“*

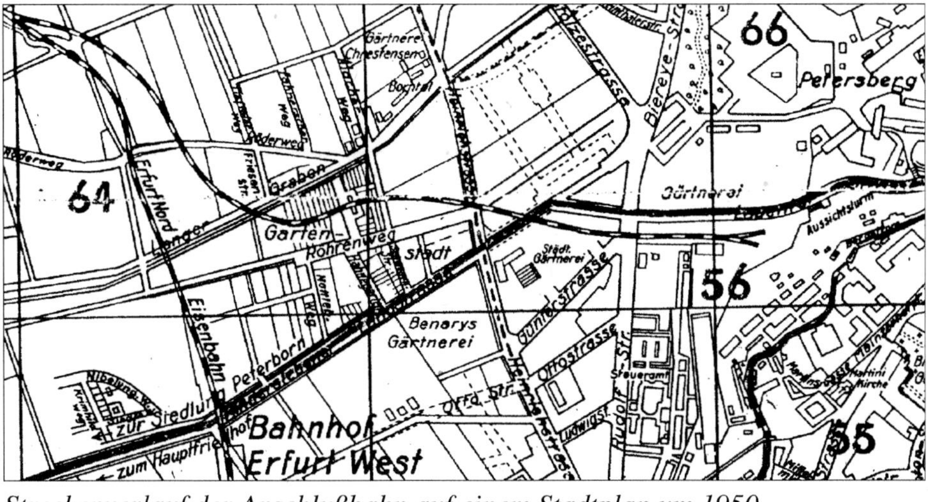


*Streckenverlauf der Anschlußbahn auf einem Stadtplan um 1950.*

## Die Gewehrfabrik im Weltkrieg und ihr Ende

Die Sozialdemokraten entschlossen sich am Vorabend des Krieges zur Mobilisierung ihrer Anhänger. Am 30. Juli 1914 fand eine Protestveranstaltung „Krieg dem Kriege“ mit Tausenden Erfurtern statt. Doch auch dies konnte den Krieg nicht mehr verhindern.

Der Krieg bewirkte einen tiefgreifenden Strukturwandel der Erfurter Wirtschaft. In kurzer Zeit entstand eine ungewöhnlich starke Rüstungsindustrie.
Nach Ausbruch des Krieges 1914 wurde die von einem Teil des Artl.-Regiments innegehabte Mainzerhofkaserne sowie die zugehörigen Stallungen, Schuppen und die Reitbahn frei. Für die in der Garnison vorhandenen Regimentsangehörigen genügte die in der Rudolfstraße gelegene Rudolfkaserne, denn auch die in der Martinsgasse befindliche Artilleriekaserne (früheres Martinikloster) wurde nicht mehr mit Mannschaften belegt.

*Abb. 19 – Haus 22 in der Ära des VEB Optima*

*Abb. 19a – Haus 22 nach 1989. Foto: Werner Limbrecht*

*Abb. 20 – Haus 16 im Jahre 1993. Foto: Werner Limbrecht*

Die Kgl. Gewehrfabrik mußte infolge der durch den Krieg gestellten Anforderungen eine ungeheuere Steigerung der Waffenproduktion vornehmen und übernahm die freigewordenen Kasernenanlagen und die beiden in der Domstraße stehenden Artillerie-Wagenhäuser, um dieselben für Fabrikationszwecke zu verwenden. Auch die Böhnert'sche Schuhfabrik (Haus 9) rechts und die Domschänke links am Breitstrom hinter dem Dom gelegen wurden der Gewehrfabrik angeschlossen, so daß sich das Gelände der Fabrik von der Peterstraße hinter der Severikirche bis zur Rudolfstraße erstreckte. Auch wurde eine eigene Bahnstrecke angelegt, die vom Bahnhof Erfurt Nord durch Marbacher- und Andreasflur nach der Rudolfstraße bis in das Fabrikgelände zum Kohlehof (oberhalb Haus 22) reichte.[16] Von dort gab es später einen Ableger zu den Schießständen. Nachdem die Heeresverwaltung 1915 nämlich einen Gleisanschluß für die Erfurter Gewehrfabrik gefordert hatte, wurde die Strecke ab Ende 1915 vom Militär schrittweise gebaut und der Betrieb am 22. Dezember 1917 auf der 6,6 Kilometer langen Strecke durchgehend aufgenommen[17] (und durch den VEB Optima bis mindestens 1963 genutzt).
In der Fabrik selbst wurde 1915 das Heizkraftwerk (Gebäude 22) in einer für die Zeit typischen Monumentalbauweise und einem Grundriß von 36x40 m errichtet. Der riesige Bau besteht aus einer Stahlbetonkonstruktion mit Klinkern und einer Werksteinverkleidung. Er ist mit überdimensionalen Fenstern streng gegliedert, den Abschluß bildet ein halbrunder Schildgiebel. Hier wurde mittels 8 Kohlekesseln neben Strom die Wärme für die Produktionshallen bis in die 70er Jahre erzeugt.
Bei dem ebenfalls 1915 erbauten Gebäude 16 handelt es sich um einen langgestreckten viergeschossigen Massivbau (115x15 m) nach dem Vorbild barocker Schloßbauten. Er enthielt neben mit Aufzügen und Treppen verbundenen übereinander liegenden Werkstätten die Endmontage im Dachgeschoß (dort gute Lichtverhältnisse durch regelmäßige Rechteckfenster).[18]

Bis 1919 baute man auf dem Gelände des ehemaligen Mainzer Hofes insgesamt 64 Gebäude. Vom Kohlenschuppen bis zur Schmiedehalle entstand ein völlig neuer Komplex, der eine Verdoppelung des bisherigen Werksgeländes darstellte.

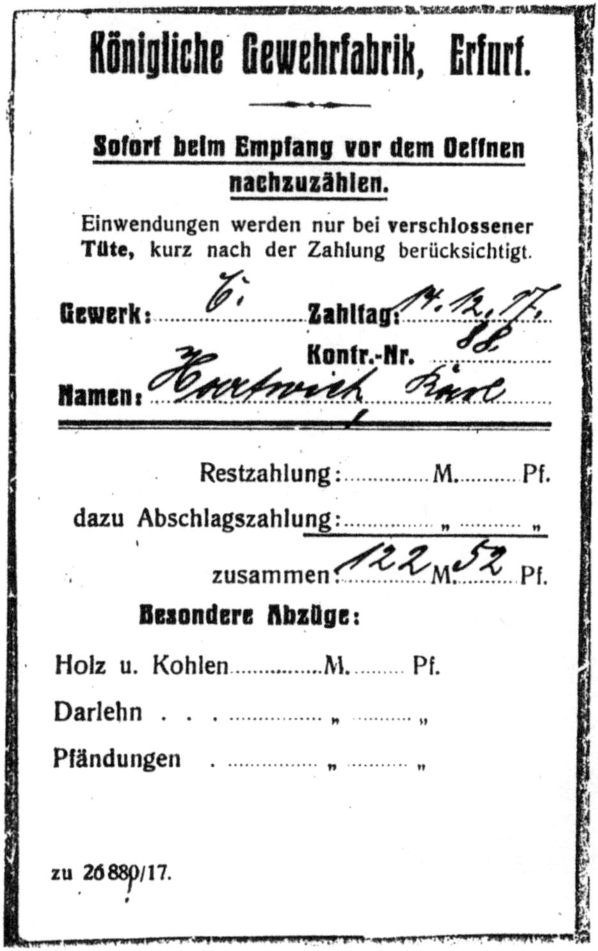

**Königliche Gewehrfabrik, Erfurt.**

**Sofort beim Empfang vor dem Oeffnen nachzuzählen.**

Einwendungen werden nur bei **verschlossener Tüte,** kurz nach der Zahlung berücksichtigt.

**Gewerk:** 6. **Zahltag:** 14.12.17.

**Kontr.-Nr.** 88.

**Namen:** Hartwich Karl

Restzahlung: ............ M. ............ Pf.

dazu Abschlagszahlung: ............ „ ............ „

zusammen: 122 M. 52 Pf.

**Besondere Abzüge:**

Holz u. Kohlen ............ M. ............ Pf.

Darlehn . . . ............ „ ............ „

Pfändungen . ............ „ ............ „

zu 26880/17.

*Abb. 21 – Lohntüte 1917*

Im 1. WK wurde die Produktion beschleunigt, wobei auf Grund der Geheimhaltung keine exakten Zahlen mehr veröffentlicht wurden. Nach einer englischen Quelle („Daily Mail“ vom 31.10.1921) wurden Waffen in so großer Zahl hergestellt, daß etwa 80 % aller Handfeuerwaffen aus dem Erfurter Betrieb stammten. Anhand von Fotos (zerstörte Mantelrohre) und Gewerksbezeichnung (MG 4) kann geschlußfolgert werden, daß – neben Spandau – auch Maschinengewehre bzw. Teile dafür hergestellt wurden.

Ich habe jedoch noch folgende Angaben recherchieren können:

In der Zeit vom 1. August 1914 bis zur Revolution 1918 wurden neben unzähligen Gewehrteilen und Seitengewehren hergestellt

| | |
|---|---|
| 177.000 | Gewehre |
| 1.508.000 | Karabiner |
| 223.000 | Pistolen |
| 23.000 | Maschinengewehre |

Bei Ausbruch der Revolution war noch ein Bestand von 5 Millionen fertiger Gewehrschäfte vorhanden.[27]

Die Anzahl der übermittelten Arbeitskräfte[19] bestätigt die gewaltige Rüstungsproduktion:

| | |
|---|---|
| 1914 | 1.374 Beschäftigte |
| 1915 | 8.690 Beschäftigte |
| 1916 | > 12.000 Beschäftigte |
| 1917 | 19.750 Beschäftigte, darunter 16.000 Frauen |
| IV/1918 | 6.940 Beschäftigte |

Der Höhepunkt war 1917 erreicht, als fast die Hälfte aller Erfurter Beschäftigten (42.000) in der Gewehrfabrik arbeiteten. Es wurde rund um die Uhr in 3 Schichten gearbeitet.
Frauen wurden erst seit Kriegsbeginn beschäftigt, da viele männliche Arbeitskräfte eingezogen waren.

Mit der Länge des Krieges verschlechterte sich die Lebenslage der Bevölkerung beträchtlich: Anfang 1916 werden alle Lebensmittel für die Bürger rationiert, dann der Kohlrübenwinter 1917. Die Teuerung bei Lebensmitteln versuchte man in der Gewehrfabrik durch Zulagen bei den Löhnen zu begegnen (Steigerung um 57 %). Desweiteren gab es eine Lebensmittelstelle und Notgeld im Betrieb. Weil aber parallel dazu die Lebenshaltungskosten um 219 % anstiegen, sank der Lebensstandard erheblich. Kriegsmüdigkeit und Unzufriedenheit nahmen zu. Aus Unmut wurde offener Widerstand.
Zur Jahreswende 1917/18 gab es durch die Spartakusgruppe im Betrieb eine Verbindungsaufnahme mit Berlin und Vorbereitung eines Streiks im Gewerk 6; es gelang jedoch nur ein befristeter Streik in 2 Abteilungen am 28. Januar 1918. Durch das Wehrkommando wurde darüber ein

Nachrichtenverbot verhängt.[20] Alle Beteiligten wurden zur Strafe an die Front geschickt.

Nach dem Kieler Matrosenaufstand im November brach auch in Erfurt die Revolution aus: Am Nachmittag des 8. November erhoben sich auch die Arbeiter der Gewehrfabrik. Nachdem sie bereits am Vormittag gegen die Besetzung des Fabrikgeländes durch eine Abteilung bewaffneter Soldaten protestiert, deren Abzug durchgesetzt und einen Aktionsausschuß gebildet hatten, zog der größte Teil der über 6.000 Arbeiterinnen und Arbeiter um 17 Uhr zum Domplatz und zum „Tivoli", forderten sofortigen Frieden, die Bildung eines Arbeiterrates und einer Republik. Eine geforderte Bewaffnung war aber vom Aktionsausschuß abgelehnt worden.[21] An diesem Tag wurde der Beitritt zur Revolution, im „Tivoli" die Bildung eines Arbeiter- und Soldatenrates verkündet. Von Seiten der Funktionäre gab es jedoch Beschwichtigungen wie „nicht zu Unbesonnenheiten hinreißen lassen" und „Ruhe und Ordnung bewahren". Die preußische Regierung, der Magistrat der Stadt und die Kommandierenden der Garnison kapitulierten ohne nennenswerten Widerstand.
Nach Abdankung des Kaisers und der anderen gekrönten Häupter erfolgte die Umfirmierung des Betriebes in „Staatliche Gewehrfabrik Erfurt".
In Deutschland herrschten bürgerkriegsähnliche Zustände. Reichswehrminister Noske setzte im Februar 1919 Truppen gegen die streikenden Arbeiter ein, die daraufhin im Zeitraum 28. Februar bis 8. März mit Generalstreik antworteten.
Während dieser Ereignisse verweigerten die Beschäftigten erfolgreich die Auslieferung der im Erfurter Betrieb lagernden großen Waffenvorräte an die reaktionären Truppen. An 800 organisierte Arbeiter wurden Waffen ausgegeben. Die Staatsorgane fordern ultimativ die Abgabe derselben und versuchen auch, diese aufzukaufen; sie bieten für ein Gewehr 80 RM und für eine Pistole 40 RM. Obwohl der Arbeiter- und Soldatenrat die Entwaffnung unterstützt, wird jedoch nur ein Teil dieser Waffen abgegeben.
Die Verabschiedung der Verfassung der Weimarer Republik am 31. Juli brachte keine Ruhe.

*Abb. 22 – Demonstration der Gewehrfabrikarbeiter am 8. November 1918*

Der Kapp-Putsch im März 1920 scheiterte durch den darauf folgenden Generalstreik. Mit diesem Paukenschlag endete eine Zeit schlimmster politischer Unruhen in Deutschland.

Die Republik war ein großer Fortschritt.

Nachdem 1918 in der ehemaligen Kgl. Preuß. Gewehrfabrik Erfurt die Produktion von Waffen und Munition eingestellt worden war, war der Betrieb unter der Bezeichnung REICHSWERK unter Leitung des Reichsschatzministeriums in der Hand des Staates geblieben. Das

Reichswerk mußte die Rüstungsproduktion, den Entwaffnungsbestimmungen des am 28. Juni 1919 unterzeichneten Vertrages von Versaille entsprechend, einstellen. Die Schließung des Betriebes erfolgte am 24. Juli 1920; es sind noch 3.500 Arbeiter tätig.

Die Nationalversammlung in Weimar hatte 1919 beschlossen, die früheren Heeresbetriebe weiterzuführen und sie auf Friedensproduktion umzustellen, Bedingung: Die Werke müssten sich selbst erhalten und die investierten Kapitalien verzinsen. So wurden am 17. Juni 1920 die „Deutsche Werke AG" gegründet.
Die ehemalige Gewehrfabrik Erfurt wurde einer von 14 Betrieben. Im Juni 1922 stellten 3.878 Beschäftigte Ortgies-Pistolen, Jagdgewehre, KK-Pistolen, Tische, Betten, Sessel, Stühle, Fenster und Türen her. Es werden Lokomotiven und Güterwagen repariert.[22]

*Abb. 23 – Zerstörte Gewehrläufe 1921*

*Abb. 24 – Zerstörung Karabiner- und Pistolenschießstand um 1921*

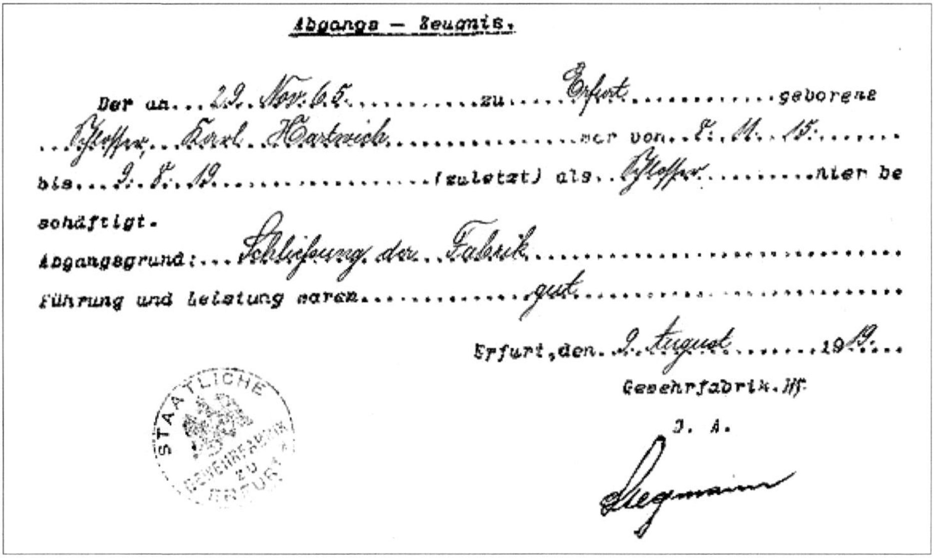

Abgangs – Zeugnis.

Der am 29. Nov. 65 zu Erfurt geborene Schleifer Karl Hartwich war von 8. 11. 15. bis 9. 8. 19. (zuletzt) als Schleifer hier beschäftigt.

Abgangsgrund: Schließung der Fabrik.

Führung und Leistung waren gut.

Erfurt, den 9. August 1919.

Gewehrfabrik. Iff.

I. A.

*Abb. 25 – Zeugnis des Karl Hartwich, Urgroßvater von Siegfried Barz.*

1920 wurden 1.600 Maschinen und eine Vielzahl von lagernden Waffen, Halbfabrikate (insbesondere 200.000 Gewehrläufe) sowie die Schießstände zerstört.
Viele Maschinen wurden durch Korruption „schwarz" aus dem Betrieb gebracht und gelangten in Privathand. Von besonderem Interesse dürfte die Tatsache sein, daß Berthold Geipel (1922 noch leitender Angestellter der Deutschen Werke) 1924 in der Rudolfstr. 49a, in einem Gebäude der ehemaligen Rudolfkaserne, seine Fa. ERMA gründet.[23] ERMA und FEIMA (ab 1935, Geipel auch dort Geschäftsführer) gehörten zu den wichtigsten Herstellerbetrieben für Handfeuerwaffen der Nazizeit. Dazu erschienen gleichnamige Veröffentlichungen 2007/2009 als eine gesonderte Broschüre von mir.

Die Fertigungseinrichtungen für die Pistole 08 wurden von der privaten Fa. Simson & Co. in Suhl übernommen, und zwar zum Null-Tarif.

Das Werk wurde 1923 durch Aktien mit dem AEG-Konzern verbunden. 1929 erwarb AEG endgültig alle Aktien.

*Anzeige. Sammlung Harald Rockstuhl*

Es erfolgte seit 1924 die Umstellung auf die Produktion von Schreibmaschinen: zuerst „Europa“, dann „Olympia“ und nach dem 2. Weltkrieg „Optima“.

*Abb. 26 – Das am 12. April 1945 durch Artilleriebeschuß ausgebrannte Verwaltungsgebäude. (Gebäude 1) der Olympia Büromaschinenwerke AG Erfurt am Mainzerhofplatz. (Foto: Archiv d.V.)*

*Bereich der ehemaligen Fabrik im Erfurter Brühl am 10.4.1945.*
*Luftbild-Auszug Bildflug-Nr. 1945117. Bild-Nr. 3153.*

## Was ist von der Kgl. Preuß. Gewehrfabrik heute noch geblieben?

Es gibt zahlreiche Schuß- und Blankwaffen in Museen und bei Sammlern.

Von den ehemals 64 Gebäuden existieren heute noch

– Haus 22 (ehemaliges Heiz- bzw. Turbinenhaus; heute Ausstellungen/Veranstaltungen),
– Haus 52 (heute hauptsächlich private Loftwohnungen, Büros im Erdgeschoß, Anschrift Kupferhammermühlgasse 1/ Maximilian-Welsch-Str. 7),

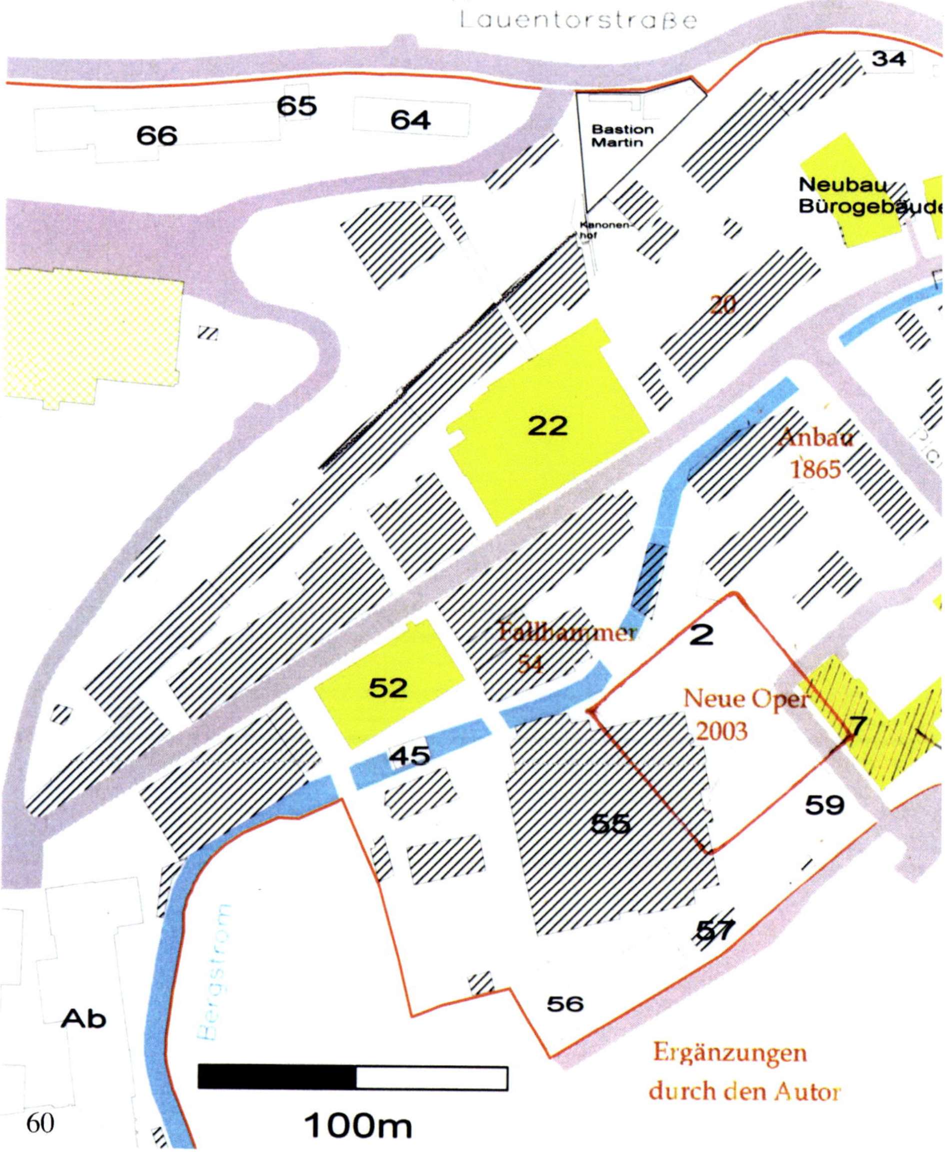

- Haus 16 (heute Bürogebäude mit der Anschrift Maximilian-Welsch-Str. 2/2A/2B),
- Haus 9 (Bürohaus Mainzerhofstr. 12),
- Haus 39 (bereits 1832 erbauter Kanonenschuppen, heute Bürohaus mit der Anschrift Peterstr. 1–2).

*Lageplan der Fabrik im Erfurter Brühl*

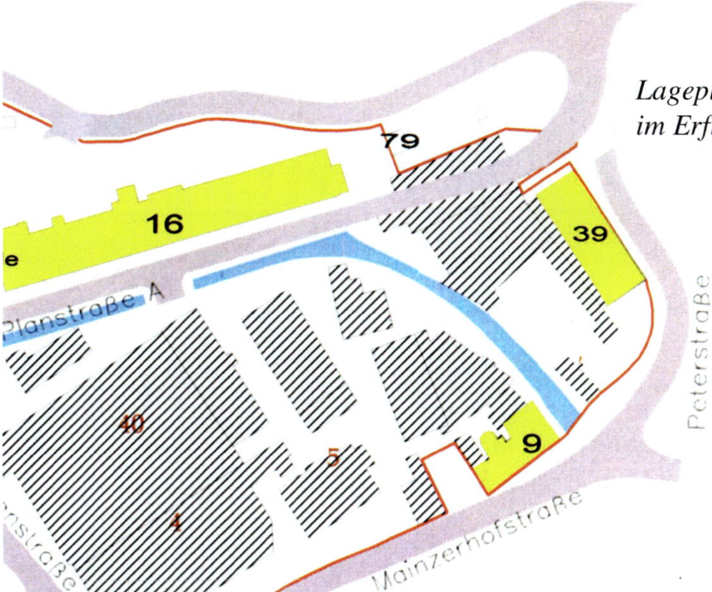

Übrigens stand auf dem Standort des ehemaligen Hauptgebäudes der Gewehrfabrik (Haus 1+7, 1945 zerstört) die Poliklinik des VEB Optima – die Neue Oper nimmt den Platz von Teilen der ehemaligen Gebäudes 7 und der Shedhalle 55 ein.

In den Gebäuden der ehemaligen Gewehrfabrik Saarn in Mülheim a.d. Ruhr befindet sich heute ein Seniorenheim als „Schloß Broich“ mit Gemeindesaal (Abb. 27).

*Haus 16. Foto: Harald Rockstuhl im Februar 2017*

*Haus 22. Foto: Harald Rockstuhl im Februar 2017*

*Rudolfstr. 49 – 2007. Foto: Werner Limbrecht*

*Ehemaliger Schießstand und Haus 22 (rechts) – 2005.*
*Foto: Werner Limbrecht*

*Abb. 27 – Ehem. Gewehrfabrik (Mülheim-)Saarn 1815–1862, heute Seniorenheim. Foto: Werner Limbrecht*

*Abb. 28 – Haus 39, ehem. Kanonenschuppen, heute Bürohaus. Foto: Harald Rockstuhl im Februar 2017*

*Abb. 29 – Haus 9, heute Bürohaus. Foto: Werner Limbrecht*

*Abb. 30 – Haus 52, heute Wohnungen und Büros.*
*Foto: Harald Rockstuhl im Februar 2017*

*Bereich der ehemaligen Fabrik im Erfurter Brühl am 17.4.2014. Luftbild-Auszug Bildflug-Nr. 201404. Bild-Nr. 32640_5648. © GDI-Th.*

## Auf dem Gelände der ehemaligen Gewehrfabrik 2017 unterwegs

*Blick zum Dorint Hotel am Dom Erfurt und zum Petersberg.*
*Foto: Harald Rockstuhl im Februar 2017*

*Theater Erfurt (links) mit Blick zum Petersberg.*
*Foto: Harald Rockstuhl im Februar 2017*

*K&S Seniorenresidenz Erfurt, Maximilian-Welsch-Straße 5*
*Foto: Harald Rockstuhl im Februar 2017*

*Blick über die Gera von der Peterstraße in Richtung Maximilian-Welsch-Straße.*
*Foto: Harald Rockstuhl im Februar 2017*

## Vergleichstabelle[25] Anlage 1

(Gewehre mit gezogenem Lauf)

| | Zündn. Gew. M 41 | Füsil. Gew. M 60 | Zündn. Gew. M 62 | Inf. Gew. M 71 | Inf. Gew. M 71/ 84 | Inf. Gew. 88 | Gewehr 98 |
|---|---|---|---|---|---|---|---|
| Kaliber (mm) | 15,35 | 15,35 | 15,35 | 11,0 | 11,0 | 7,9 | 7,9 |
| Anzahl der Züge | 4 | 4 | 4 | 4 | 4 | 4 | 4 |
| Länge des Laufes (mm) | 950 | 785 | 845 | 855 | 800 | 740 | 740 |
| Länge des Gewehrs ohne SG/ Bajon. (mm) | 1425 | 1305 | 1340 | 1350 | 1295 | 1245 | 1250 |
| Gewicht des Gewehrs ohne SG/ Bajon. (g) | 4900 | 4700 | 4750 | 4550 | 4600 | 3850 | 4225 |

Anlage 2

## Strukturen der Leitung und Verwaltung[25]

- Kgl. Preuß. Gewehrfabrik Erfurt 1880/81
- Munitionsfabrik Erfurt 1880/81
- Kgl. Preuß. Gewehrfabrik Erfurt 1887
- Kgl. Preuß. Gewehrfabrik Erfurt 1895
- Kgl. Preuß. Gewehrfabrik Erfurt 1914

# **Kgl. Preuss. Gewehr-Fabrik 1880/81** (Mainzerhofplatz 13)

| | |
|---|---|
| Director: | Oberts Jagemann, Mainzerhofplatz 13. |
| Sub-Director: | Hauptm. Schuch, Dalbergsweg 16e. |
| Directions-Assistent: | Hauptm. Lange, Brühlerstraße 38 a. |

**Kommandirt zur Dienstleistung:**

| | |
|---|---|
| Premier-Lieutenant | v. Waligorski, Hopfeng. 2. |
| | Donant, Langebrücke 15. |
| Seconde-Lieutenant | Prestel, Löberflur 16. |
| | Graf v. Bredow, Neuwerkstr. 4. |
| | Stiegler, Löberstr. 59. |
| | Fischer, Pilse 7. |
| | Baumgardt, Dammweg 11. |
| Adm.-Mitglied: | Zeughauptmann Dautz, Mainzerhofplatz 13. |
| Zeugfeldwebel: | Koch, Johannesbrückenkopf. |
| | Kuno, Fischersand 45. |
| | Frickert, Augustinerstraße 29. |
| | Hellberg, Predigerstraße 7. |
| | Bömisch, Langebrücke 8. |
| Depot-Vicefeldwebel: | Krämer, Mainzerhofplatz 13. |

**Beamte:**

| | |
|---|---|
| Betriebs-Inspector: | Fricke. |
| Fabriken-Comissar: | Spitzmüller. |
| Ober-Büchsenmacher: | Schröder, Lundgreen, Dittrich, Hoffmann, Klawitter, Anders, Barthelmes, Nitzke, Libert, Kempf, Wettig, Albrecht. |
| Maschinen-Aufseher: | Propp, Kost. |
| Maschinen-Heizer: | Steindorf, Burdezinski. |
| Locomobilenwärter: | Petermann, Hüttenmüller. |
| Magazin-Aufseher: | Kretschmar. |

**Hauspersonal:**

| | |
|---|---|
| Portier: | Schürmann. |
| Hausdiener: | Nitzsche. |
| Nachtwächter: | Borchert. |

# Munitions-Fabrik 1880/81

| | |
|---|---|
| Director: | (siehe Director der Gewehr-Fabrik) |
| Direct.-Assistent: | Premier-Lieutenant Klopsch, Burggasse 5. |

**Kommadirt zur Dienstleistung:**

Seconde-Lieutenant Vollrath, Johannesstr. 4.

Adm.-Mitglied: Zeug-Premier-Lieut. Schellong, Mainzerhofplatz 13.

| | |
|---|---|
| Zeugfeldwebel: | Dieterich, Andreasflur 1 b. |
| | Haase, Webergasse 38. |

**Beamte:**

| | |
|---|---|
| Fabriken-Comissar: | Volkenborn. |
| Munitions-Revisor: | Järisch. |
| | Baat. |

# Kgl. Preuss. Gewehr- und Munitionsfabrik 1887.

(Bureau: Mainzerhofplatz 13.)

| | |
|---|---|
| Director: | Hauptmann Lange. |

## Gewehrfabrik.

| | |
|---|---|
| Subdirector: | Hauptmann Foß. |
| Directionsassistenten: | Prem.-Lieutenant Prestel, Crusius. |
| Administr. Mitglied: | Zeughauptmann Dautz. |

## Zur Dienstleistung kommandirt:

| | |
|---|---|
| Seconde-Lieutenants: | Peterßen, Freiherr v. Brandenstein, von Falken-Plachecki, Dorsch, Oden, Freiherr vom Heimrod, Hagenberg, von der Dollen, von Wulffen, Stamm. |
| Zeuglieutenant: | Wachsmuth. |

## Beamte:

| | |
|---|---|
| Fabrikenkomissarius: | Spitzmüller. |
| Betriebsinspektor: | Kempf. |
| Ingenieur: | Jung. |
| Oberbüchsenmacher: | Lundgreen, Dittrich, Anders, Knabe, Wiesotzky, Libert, Bettig, Albrecht, Klose, Bonsels, Körner, Brünner. |
| Maschinen-Aufseher: | Propp, Rost. |
| Maschinen-Heizer: | Burdezinski, Schuchardt. |
| Portier: | Schürmann. |
| Hausdiener: Munack. | Nachtwächter: Friedrich. |

Magazin-Bureau-Arbeiter: Langner, Fehrs.

Nutzholzaufseher: Zitzmann.

## Munitionsfabrik:

Zeugpremierlieutenant: Sommerfeld.

Premierlieutenant und Directionsassistent von Borke.

Secondelieutenant von Bodelschwingh.

| | |
|---|---|
| Betriebsinspektor: | Järisch. |
| Munitionsrevisor: | Lempke. |

## Königl. Preuss. Gewehrfabrik 1895. (Bureau: Mainzerhofplatz 13.)

| | |
|---|---|
| Direktor: | Major v. Lösewitz. |
| Unter-Direktor: | Hauptmann Lodtmann. |
| Direktions-Assistenten: | Hauptmann Zwanziger,<br>Hauptmann Schniewind. |
| Administr. Mitglied: | Zeughauptmann Schröder. |
| | Zeughauptmann: Wachsmuth. |

**Zur Dienstleistung kommandirt:**

Premier-Lieutenants: Baumbach, Swidom, Heyn, Gothsche.

Seconde-Lieutenants: von Rathenow, Freund, von Bentivegni.

Zeug-Premier-Lieutenant: Stelter.

Zeug-Lieutenant: Balke.

**Beamte:**

| | |
|---|---|
| Betriebs-Inspektor: | Kempf |
| Fabriken-Kommisarien: | Knabe, Albrecht. |
| Ober-Büchsenmacher: | Libert, Bettig, Schlegelmilch, Körner, Brünner, Köhler, Schilling, Kellner, Bästlein, Bayersdörfer, Bartz, Benz, van der Linde, Turath, Hesshaus. |
| Maschinen-Aufseher: | Kost, Müller. |
| Maschinen-Heizer: | Schuchardt, Kühn. |
| Pförtner: | Böttger: |
| Hausdiener: | Munack. |
| Nachtwächter: | Linzner. |

# Königl. Preuss. Gewehrfabrik 1914

(Geschäftszimmer: Mainzerhofplatz 13. Tel.75.)

| | |
|---|---|
| Direktor: | Major Gothsche. |
| Verwaltungsdirektor: | Hauptmann Glum. |
| Verwaltungs-Mitgl.: | Hauptmann Helmcke, |
| | Hauptmann Snethlage. |
| Zeugoffiziere: | Zeughauptmann Redmer. |
| | Zeughauptmann Raemisch. |
| | Zeugleutnants Lenz, Fabian. |
| | **Zur Dienstleistung kommandiert:** |
| Oberleutnants: | Kießlich, Prowe, Mylo, Bolze, Schlegel. |
| Leutnant: | Menzel, Hirz. |

# Arbeitszeit und Urlaub[26]

## Wochenarbeitszeit in der deutschen Industrie

| | | |
|---|---|---|
| 1825 | 82 Std. = 11,7 Std. tgl. | (23 Feiertage) |
| 1875 | 72 Std. = 10,3 | |
| 1891 | 6-Tage-Woche eingeführt (Sonntagsruhe) | |
| 1900 | 60 Std. = 10 Std. tgl. (Gewerkschaften setzen 10-Std.-Arbeitstag durch) | |
| 1918 | 48 Std. = 8 | (8-Std.-Tag gesetzlich eingeführt) |
| 1950 | 48 Std. = 8 | |
| 1960 | 45 Std. = 9 | (5-Tage-Woche) |
| 1967 | 40 Std. = 8 | |
| 1993 | 28,8 = 7,2 | (4-Tage-Woche bei VW) |
| 1995 | 35 = 7 | (nur Metallindustrie in Westdeutschland) |

## Jahresarbeitszeit

| | |
|---|---|
| 1850 | 4.000 Std. = 11 Std. kalendertäglich (nur Feiertage arbeitsfrei) |
| 1995 | 1.602 Std. in Westdeutschland |

## Arbeitszeiten im Vergleich (Stand 2004)

| Land | Wochenstd. | Urlaubstage |
|---|---|---|
| Westdeutschland | 35,7 | 30 |
| Ostdeutschland | 38,3 | 30 |
| Frankreich | 35,7 | 25 |
| Großbritannien | 37,2 | 24,5 |
| Niederlande | 37,5 | 25,3 |
| Spanien | 38,4 | 23 |
| Japan | 39,2 | 18 |
| USA | 40,0 | 12 |

## Soziale Absicherung und Sozialgesetzgebung

Die *Gewerkschaften* als mächtigster Flügel der Arbeiterbewegung traten vor allem für die soziale Absicherung ein – sie gingen aus der 1848 gegründeten Allgemeinen Deutschen Arbeiterverbrüderung hervor. Einhergehend mit der zunehmenden Industrialisierung standen Maßnahmen gegen körperliche und geistige Verelendung der Arbeiter sowie Kinder- und Frauenarbeit im Mittelpunkt. Dadurch konnten die Manchester-Verhältnisse Englands der frühen Industrialisierungsphase weitgehend verhindert werden.
1890 wurde der Dachverband der Gewerkschaften gegründet.

Dagegen richtete sich das *Sozialistengesetz* des Reichskanzlers Bismarck im Jahre 1878 (bis 1890 verlängert). Es verbot Partei- und Gewerkschaftsorganisationen, Druckschriften und Versammlungen, Zwang die Sozialdemokraten in die Illegalität.
Das Gesetz erreichte sein Ziel nicht und mußte abgeschafft werden; Bismarck trat zurück.

Zur gleichen Zeit trugen Bismarcks *Sozialversicherungsgesetze* (1883–89) aber dazu bei, die Arbeiter mit dem bürgerlichen Staat zu versöhnen.
Es handelte sich dabei um folgende Gesetze:

- Krankenversicherung 1883
  bei Krankheit, Mutterschaft, Tod; zur Prävention
- Unfallversicherung 1884
  finanzielle Absicherung bei Arbeitsunfällen und Berufskrankheiten
- Invaliditätsversicherung 1889
  bei Erwerbsunfähigkeit
- Alters-/Rentenversicherung 1889
  bei Berufs- und Erwerbsunfähigkeit, Erreichung der Altersgrenze (Altersruhegeld),
  Tod (Hinterbliebenenrente)

**Urlaub**

Urlaub wurde in Deutschland zuerst 1883 bei der Reichspost als allgemeiner Erholungsurlaub eingeführt.
Bis zur Jahrhundertwende wurde er bei Angestellten und Beamten allgemein üblich.
Für Arbeiter wurden erst nach 1900 – und keinesfalls überall – einige Tage durch die Unternehmer gewährt.

Vor dem 1.Weltkrieg gab es bezahlten Urlaub fast nur für Angestellte; dieser wurde in den 20er Jahren auch für Industriearbeiter allgemein üblich.
Durch das Tarifvertragsgesetz in der Weimarer Republik waren dazu die Rahmenbedingungen geschaffen worden.

In der BRDwurde 1963 durch das Bundesurlaubsgesetz (Mindesturlaub 18 Werktage) sowie Sonderregelungen und tarifvertragliche Vereinbarungen (1987 durchschnittliche 31 Arbeitstage) festgelegt.

# Vom Zündnadelgewehr zum Mehrlader

Dem Zündnadelgewehr ging das Perkussionsgewehr und davor das Steinschloßgewehr voraus.
Beim Steinschloßgewehr handelte es sich um einen Vorderlader des 17. und 18. Jahrhunderts, bei dem durch Anschlagen eines in einem beweglichen Hahn gespannten Feuersteins an eine Stahlfläche ein Funken zum Zünden des Schusses entstand.
Beim Perkussionsgewehr wurde um die Mitte des 19. Jh. die Treibladung mit Hilfe eines Zündhütchens bzw. einer Zündkapsel zur Reaktion gebracht. Damit fand der Vorderlader seinen abschließenden Höhepunkt. Das Perkussionsgewehr Modell M 39 mit einem Kaliber von 18,4 mm wurde 1839 in Preußen eingeführt.

Das Zündnadelgewehr wurde in den 40er bis 70er Jahren des 19. Jahrhunderts entwickelt. Die patronierte Munition wurde mittels einer auf eine Zündkapsel treffende Stahlnadel gezündet; das Geschoß verließ mit Drall den gezogenen Lauf. 1835 hatte Nicolaus Dreyse aus Sömmerda eine Zylinderverschluß zum gasdichten Verschuß der Einheitspatrone von hinten konstruiert, d.h. die Lösung für den Hinterlader gefunden.
Die Geschoßform veränderte sich von der anfänglichen Rundkugel über das Spitzgeschoß zum Langblei. Seit 1840 wurde das leichte Perkussionsgewehr M 41 in Preußen erprobt, aber erst nach der Revolution 1848 in die Armee eingeführt. Die Schußfolge betrug 5 Schuß pro Minute, die maximale Schußentfernung 1200 Meter bei einem Kaliber von 15,4 mm. Es handelte sich um einen Einzellader, bei dem ab 1872 Metallpatronen verschossen wurden.
In seiner technischen Entwicklung war das Zündnadelgewehr ein wichtiges Bindeglied zwischen dem Einzellader und dem sich Ende des 19. Jh. durchsetzenden Mehrladegewehr.

Beim Mehrladegewehr handelt es sich um das Verschießen magazinierter Munition mittels eines von Hand betätigten Repetiermechanismus – deshalb auch die Bezeichnung Magazin- und Repetiergewehr.
Waffentechnische Voraussetzung war die Entwicklung selbstdichtender Einheitsmetall Patronen. Bahnbrechend wirkten Samuel Colt, Benjamin Henry und James Lee.
In Deutschland erfolgte die Einführung des ersten modernen Mehrladegewehrs, des Infanteriegewehrs Modell 71/84.

Bei der jeweiligen Munition handelt es sich um Geschosse, die mittels Treibladung auf gewünschte Entfernung mit möglichst großer Auftreffwucht am Ziel Wirkung zu erbringen haben. Für Steinschloßgewehre fanden Papierpatronen Verwendung, die außer dem Geschoß die notwendige Pulvermenge enthielten (1. Hälfte des 17. Jh.).

Durch Pauly Erfindung der Grundkonzeption einer Einheitspatrone mit Zentralzündung, die beim Schuß abbrannte. Mit der Entwicklung gezogener Perkussionswaffen (1. Hälfte 19. Jh.) Übergang zum Langgeschoß, damit bessere Überwindung des Luftwiderstandes und höhere Flugstabilität durch Drehung um die Längsachse (Drall) durch den gezogenen Lauf.
Nach 1860 aufkommende Einheitspatrone aus Metall mit Selbstdichtung; Anwendung beim Hinterlader M 71.
Bei der Munition wurden große Verbesserungen erreicht durch die Verwendung von raucharmen Pulver, Erhöhung der Anfangsgeschwindigkeit, Verringerung des Kalibers und des Gewichts u.a., was letztendlich zur Vergrößerung des Kampfsatzes beim Schützen führte.

## Anmerkungen

1 vgl. H. Laumanns: Die Kgl. Preuß Gewehrfabrik Saarn-Hattingen und Erfurt in: Deutsches Waffenjournal (DWJ) 6-8 1980, S. 836/837
2 ebenda S. 839
3 ebenda S. 840/841
4 A. Overmann: Erfurt in zwölf Jahrhunderten, Erfurt 1929, S. 86
5 Hauptmann Gothsche: Die Königlichen Gewehrfabriken in: Militärverlag der Liebelschen Buchhandlung, Berlin 1904, S. 33
6 H. Laumanns: Die Kgl. Preuß. Gewehrfabrik Saarn-Hattingen und Erfurt in: DWJ 6-8 1980, S. 947 ff.
7 Hauptmann Gothsche: Die Königlichen Gewehrfabriken, Berlin 1904, Anlage VI
8 H. Laumanns: Die Kgl. Preuß. Gewehrfabrik Saarn-Hattingen und Erfurt in: DWJ 6-8 1980, S. 1105
9 Hauptmann Gothsche: Die Königlichen Gewehrfabriken, Berlin 1904, S. 53
10 vgl. H. Harder: Der Reichsrevolver und seine Varianten In: DWJ Verlagsgesellschaft mbH, S. 123, 445
11 Enzyklopädie deutscher Waffen 1939-1945, Motorbuch Verlag Stuttgart, S. 29
12 J. Görtz: Die Pistole 08 in: Verlag Stocker-Schmid, Motorbuch Verlag 2004, S. 92/93
13 Übersicht durch S. Barz
14 Broschüre „Die Entwicklung des Betriebes von seiner Gründung bis zur Befreiung des deutschen Volkes vom Faschismus", Optima-Eigenproduktion, S. 4 (im Stadtmuseum)
15 Bekanntmachung (Aushang) der Kgl. Gewehrfabrik o.J., um 1914 Schreibmaschine auf Papier mit Wasserzeichen „Gewehrfabrik Erfurt", im Stadtmuseum
16 Ch. Mezdorf: Einiges über die ehemalige Kgl. Gewehrfabrik Schreibmaschinenmanuskript o.J., im StAE (Bildabt. unter V Mainzerhofplatz)
17 G. Barthel: Die Geschichte der Kleinbahn Erfurt – Nottleben in: Verlag Rockstuhl, Bad Langensalza 2001, S. 43-55, 99(Karte)
18 Dokumentation des Landesamtes für Denkmalspflege 1998, Kulturdenkmalsbeschreibung
19 Die Entwicklung des Wirtschaftsgebietes der Stadt Erfurt während der Jahre 1899-1925, Erfurt 1927, S. 19 (Quellenverweis in Natur und Heimat 1962)
20 StAE I-2, 125-3096, Bl. 262 ff.
21 W. Gutsche: Geschichte der Stadt Erfurt, Weimar 1989, S. 366 ff.
22 Faltblatt Deutsche Werke AG, Berlin Juli 1922
23 Grundbuchauszug Amtsgericht Erfurt (14 HRB 409)
24 vgl. H. Laumanns: Kgl. Preuß. Gewehrfabrik Saarn-Hattingen und Erfurt in: DWJ 6-8 1980, S. 1108
25 s. Adressbücher Erfurt dieser Jahrgänge, Bestand Stadt- und Regionalbibliothek
26 J. Mirow: Geschichte des deutschen Volkes von den Anfängen bis zur GegenwartKatz Verlag Gernsbach 1990, S. 181, 671, 820, 994
27 Thüringer Gauzeitung vom 14.04.1942

## LITERATUR

Adressbücher Erfurt
Bienert, Th.: ERFURT Eine kleine Stadtgeschichte, Sutton Verlag Erfurt 2002
Broschüre „Von der Kgl. Gewehrfabrik zum Volkseigenen Büromaschinenwerk" Erfurt o.J.
Barthel, G.: Die Geschichte der Kleinbahn Erfurt – Nottleben, Verlag Rockstuhl, Bad Langensalza 2001
Bienert, Th.: Geheimnisvolles Erfurt, Wartberg-Verlag Gudenberg-Gleichen 2003
Bienert, Th./Schicker, A.: Zeitreise durch die Region Erfurt, Wartberg Verlag 2005
Deutsches Waffenlexikon, BLV Verlag München/Wien/Zürich 1994
Erfurter Straßennamen, Verlagshaus Thüringen 1992
Erfurter Heimatbrief Nr. 2, Berlin 1961
Edler, W.: Verschwundene Erfurter Kirchen, Erfurter Chronik Bd. I, 1991
Enzyklopädie deutscher Waffen 1939–1945, Motorbuch Verlag Stuttgart 2005
Görtz, J.: Die Pistole 08, Verlag Stocker-Schmid, Motorbuch Verlag 2004
Gutsche, W.: Geschichte der Stadt Erfurt, Weimar 1989
Hauptmann Gothsche: Die Königlichen Gewehrfabriken Militärverlag der Liebelschen Buchhandlung, Berlin 1904
Hogg, I.V.: Die deutschen Pistolen und Revolver 1871–1945, Motorbuch Verlag Stuttgart 1994
Hartung, B.: Häuserchronik der Stadt Erfurt, Erfurt 1861
Harenberg Lexikon, Dortmund 1996
Hawich, T.: Manufakturen, Maschinen, Manager; IHK Erfurt 2001, Bereich Erfurt und Umgebung
Heer, E.: Der neue Stöckel, Schwäbisch Hall 1982
Laumanns, H.: Kgl. Preuaß. Gewehrfabrik Saarn-Hattingen und Erfurt Deutsches Waffenjournal (DWJ) 6/7/8 1980
Müller, H.H.: Zur Geschichte der Kgl.-Preuß. Gewehrfabrik Erfurt Zeitschrift STADT UND GESCHICHTE Nr.13, 2001
Mirow, J.: Geschichte des deutschen Volkes von den Anfängen bis zur Gegenwart Katz Verlag Gernsbach 1990
Myatt, F.: Faustwaffen aus 5 Jahrhunderten, Motorbuch Verlag 2001
Natur und Heimat, Urania-Verlag Leipzig/Jena 1962
Nitsch, W.: Faustfeuerwaffen. Geschichte und Geschichten, Motorbuch Verlag 2006
Overmann, A.: Erfurt in zwölf Jahrhunderten, Erfurt 1929
Unser Werk Optima, Eigenproduktion 1956
Wörterbuch zur deutschen Militärgeschichte, Militärverlag Berlin 1985

## Bildnachweis

DWJ (Abb. 3, 7, 11, 12), S. Barz (Abb. 4, 8, 15, 17, 21, 25), Stadtmuseum (Abb. 16), Stadtarchiv Erfurt (Abb. 1, 6, 9, 10, 18, 22, 23, 24), LEG Thür. (Abb. 19, 20 + Lageplan), H. Wolf (Abb. 26), Wörterbuch Deutsche Militärgeschichte (Abb. 2, 5, 13, 14), B. Tresp (Abb. 27), Autor (Abb. 19a–b, 20a, 28–30)

Die historischen Luftbilder wurden vom Thüringer Landesamt für Vermessung und Geoinformation bereitgestellt und werden gemäß „Datenlizenz Deutschland - Namensnennung - Version 2.0" (www.govdata.de/dl-de/by-2-0) genutzt: Seiten 28, 58–59, 66–67